教育部人文社会科学研究一般项目成果
项目批准号 09YJA740047

弘道书系

# 东汉碑刻词汇研究

刘志生 著

暨南大学出版社
JINAN UNIVERSITY PRESS
中国·广州

图书在版编目（CIP）数据

东汉碑刻词汇研究/ 刘志生著. —广州：暨南大学出版社，2013. 9
（弘道书系）
ISBN 978 - 7 - 5668 - 0633 - 8

Ⅰ. ①东…　Ⅱ. ①刘…　Ⅲ. ①碑刻—词汇—研究—东汉时代　Ⅳ. ①H131

中国版本图书馆 CIP 数据核字（2013）第 127919 号

东汉碑刻词汇研究
著　　者：刘志生

出 版 人：徐义雄
策 划 人：杜小陆
责任编辑：刘　晶
责任校对：吴筱颖

地　　址：中国广州暨南大学
电　　话：总编室（8620）85221601
　　　　　营销部（8620）85225284　85228291　85228292（邮购）
传　　真：（8620）85221583（办公室）　85223774（营销部）
邮　　编：510630
网　　址：http：//www. jnupress. com　http：//press. jnu. edu. cn
排　　版：弓设计
印　　刷：佛山市浩文彩色印刷有限公司
开　　本：787mm × 960mm　1/16
印　　张：10. 25
字　　数：200 千
版　　次：2013 年 9 月第 1 版
印　　次：2013 年 9 月第 1 次
定　　价：26. 00 元

# 目　录

# 绪　论

## 一、选题缘由

本书涉及的内容主要是对东汉碑刻形容词、丧葬词语的考察和对《汉语大词典》等大型辞书未收词语的考释。选题缘由是拙著《东汉碑刻复音词研究》已对东汉碑刻复音词、典故词、成语等词汇进行了一次比较系统的爬梳，但对在东汉碑刻中占有重要地位的形容词、丧葬词语尚未涉及，也还有大量被《汉语大词典》等大型辞书漏载的词语没有去考释。

首先，就形容词而言，形容词是汉语三大实词之一，在汉语词类体系中占有相当重要的地位。因此，形容词研究就成了汉语语言学界研究的重要课题，并已有大量研究成果问世，论争问题涉及了形容词的各个方面，诸如形容词的分类、语法功能、形容词与动词及副词的区别等。尽管如此，也还存在一些不足，如从时段上看，对现代汉语形容词研究得多，而对古代汉语形容词研究得相对较少，这使得汉语形容词系统的历史变化及其发展演变的规律还不甚清楚。而具体到古代汉语阶段的形容词研究，也存在不足的地方：第一，从时段上来看，对先秦和元、明汉语形容词研究得多一些，先秦的如陈克炯《〈左传〉形容词的考察和非定形容词的建立》（《第一届国际先秦汉语语法研讨会论文集》，岳麓书社 1994 年）、赵金铭《〈诗经〉中的形容词研究》（《先秦汉语研究》，山东教育出版社 1982 年）、杨合鸣《〈诗经〉叠根词皆为形容词》[《河南师范大学学报（哲学社会科学版）》1997 年第 4 期]、梁银峰《甲骨文形容词研究》（《汉语史研究集刊》第二辑，巴蜀书社 2000 年）、王琼芳《连绵词在〈诗经〉中的运用》（《云南教育学院学报》1999 年第 3 期）、杨建国《先秦汉语的状态形容词》（《中国语文》1979 年第 6 期）、黄晓冬《〈荀子〉单音节形容词同义词的类别和多组同义词的意义关系》（《北京化工大学学报》2002 年第 4 期）、唐瑛《〈墨子〉同义形容词研究》[《宁夏大学学报（人文社会科学版）》2005 年第 6 期]、唐德政《〈庄子〉的状态形容词研究》（《广西社会科学》2005 年第 8 期）、甘斐哲《〈庄子〉形容词作状语情况考察》[《长沙铁道学院学报（社会科学版）》2006 年第 4 期]、麻昌贵《〈楚辞〉中形容词特点论略》[《贵州民族学院学报（哲学社会科学版）2004 年第 1 期》]、汪强《〈孟子〉中的单音节形容词研究》[《郑州航空工业管理学院学报（社会科学版）》2006年第12期］、车艳妮《〈诗经〉单音节形容词词义的发展变化浅析》（《牡丹江教育学院学报》2006年第4期）和《〈诗经〉中单音节形容词的语用考察》［《井冈山学院学报（综合版）》2006年第5期］等，元、明的如杨建国《元曲中的状态形容词》（《语言学论丛》第九辑，商务印书馆1982年）、于红岩《元曲中的状态形容词连用现象》（《修辞学习》2004年第4期）、李大星《〈水浒传〉的重叠式形容词》（《吉林大学学报》1989年第5期）、程娟的《〈金瓶梅〉复音形容词结构特征初探》（《中国语文》1999年第5期）和《试论〈金瓶梅〉单音形容词的构词特征》（《古汉语研究》1999年第2期）等，而对中间时段的汉、魏晋南北朝和隋唐汉语形容词研究得少，造成所研究的各个阶段失衡的局面。第二，从所研究的语言材料来看，古代汉语形容词研究基本集中在传世文献上，而对占有较大比例的出土文献的形容词的研究则严重匮乏。

上述情况无疑不利于对汉语形容词的追根溯源及其特点的全面研究，也不利于符合汉语自身特点的汉语词类体系的建立。但随着对出土文献的重视，这种状况将会逐渐改变。对属于东汉重要出土材料之一的东汉碑刻语料的形容词进行全面系统的研究，目前国内外尚无同类相关选题和成果，在这一领域及时展开本书的研究，将可以使我们更进一步地了解东汉碑刻词汇状况，无论是对汉语形容词的研究，还是对汉语词汇史的研究，乃至对汉语史的研究，都具有重要的意义。

其次，东汉碑刻因语体关系而使用了大量的丧葬词语，反映出了东汉时期的礼仪制度、风俗习惯和伦理观念等，成为特定民族礼俗文化词语的一个重要组成部分，对此进行考察有利于窥见碑刻文体特殊的词汇特征。

再次，就东汉碑刻整个的词汇系统而言，据笔者整理统计，东汉碑刻中有相当数量的词语为《汉语大词典》等大型辞书所失收，这些被失收的词语中既包括一部分新生词，也有少数的生造词。但不管是新生词还是生造词，它们均可从一个方面弥补《汉语大词典》等大型辞书在词条收载上的不足。粗略统计，东汉碑刻中被《汉语大词典》等大型辞书所失收的词语多达500多个，笔者已在拙著《东汉碑刻复音词研究》（2007）中考释了107个，兹在此再考释154个。

基于此，笔者拟对处于汉语重要发展阶段的东汉出土碑刻词汇，以形容词、丧葬词语和《汉语大词典》未收词语为核心，进行一次全面系统的清理和研究。通过对东汉碑刻形容词、丧葬词汇面貌的揭示和对《汉语大词典》等大型辞书未收词语的考释，既为汉语形容词历史研究、东汉词汇研究和汉语词汇史研究提供专类词汇资料，在一定程度上推动古代汉语形容词研究、汉语史研究，特别是汉语词汇史研究的深入发展，也能从语言学角度充实对东汉碑刻材料的研究，是对整个汉语词汇研究领域的拓展，为汉语辞书编纂在词语的立目、词义的解释乃至书证方面提供可贵材料，具有比较重要的应用价值。

## 二、语料价值

笔者以《隶释》、《隶续》、《金石萃编》、《八琼室金石补正》、《汉碑集释》、《汉魏南北朝墓志汇编》及《文物》等著录的东汉碑刻材料为底本，剔除石经和残碑，选定了167种篇幅比较完整的东汉碑刻作为研究对象，字数近10万字。其表现特点如下：

首先，东汉碑刻大多年代确定，材料真实。东汉碑刻的碑文大都有确定的年代，且时间跨度大，贯穿了整个东汉时期，这就保证了研究语料的时代的准确性；碑文均刻写在石碑上，后世不容易改动，这就确保了所研究语料的可信度。正如太田辰夫在《中国语历史文法》中把文献分为“同时资料”和“后时资料”，他说：“所谓‘同时资料’指的是某种资料的内容和它的外形（即文字）是同一时期产生的。甲骨、金石、木简等，还有作者的手稿是这一类。……所谓‘后时资料’，基本上是指资料外形的产生比内容的产生晚的那些东西，即经过转写转刊的资料。……中国的资料几乎大都是后时资料，它们特别成为语言研究的障碍。根据常识来说，应该是以同时资料为基本资料，以后时资料为旁证，但没有同时资料的时代就只有根据例子的多寡和其前后时代的状况如何来推测，这样还得不出明确的结论。”正是因为作为“同时资料”的出土语料具有作为“后时资料”的传世语料所无法比拟的真实性，所以就为我们提供了语言研究所需要的基本保证。

其次，语料充足，词汇量十分丰富。现存的经专家鉴定确认的东汉碑刻有230余种，我们剔除其中的石经和残碑，选定167种篇幅比较完整的东汉碑刻作为研究对象，字数近10万字，这在东汉出土文献中都还是不可多得的，这些为我们对处于汉语发展史重要阶段的东汉段进行词汇研究提供了充足的语料。东汉碑刻语料内容比较丰富，涉及政治、经济、军事、宗教、历史、名胜古迹、民俗风情、神仙鬼怪等东汉社会生活的各个方面，因而词汇十分丰富。东汉碑刻如此兴盛是与当时社会的时代背景密切相关的，其目的主要是彰功表绩，或向社会宣扬孝道，展示亡者的德勋，对事件和人物进行品评，这就决定了东汉碑刻文献会使用大量的形容词，这为我们考察其形容词词汇面貌提供了基本的条件。

再次，东汉碑刻具有一定程度上接近口语的语言风格。因为碑文必须面向大众，要让普通百姓基本读懂，这就决定撰碑者在行文时无论是用俗语，还是用雅言，都在很大程度上接近当时的口语，是当时语言的真实记录，其研究价值自然也十分珍贵。

综上，东汉碑刻具有较高的语料价值和研究价值，其语言研究能够为汉语史的研究提供宝贵的资料。东汉碑刻语言研究的价值也越来越为当今学者所认识和重视，这一领域的研究也正在逐步地开展。

## 三、东汉碑刻词汇研究现状

自宋以来，我国很多学者在不同方面和不同程度上对东汉碑刻进行过研究，研究所涉范围大多重在存目、录文、鉴碑、考释、用典、史实、文化、考古及文字的考订等。新中国成立以来，学者们在一些刊物上陆续发表了关于东汉碑刻研究的单篇论文，如《汉碑中有关农民起义的一些材料》、《〈汉书〉所见汉代车名考辨》、《〈刘熊碑〉释读正误》、《〈石门颂〉、〈杨淮表纪〉主要人物考》等，这些论文主要集中在历史、考古、文化、书法等方面的研究。

至于语言研究方面，学者们给予的重视很不够，目前只有少量的考释性的文章偶尔问世。造成这种研究失衡的局面主要是对碑刻语言研究的价值认识不够充分。具体到东汉碑刻词汇研究上，早期已有一些专家学者开始注意利用东汉碑刻的语言材料，如复旦大学吴金华先生的《三国志校诂》附篇用东汉熹平三年《武都太守耿勋碑》证“分子”有“子民”之义，浙江大学王云路、方一新先生的《中古汉语语词例释》“剥截”条用《金乡长侯成碑》作书证，高文先生在《汉语集释》里做了一些词语考释工作等，但他们或限于引用东汉碑刻语料作旁证，或限于对少数语词的考释。

可喜的是，近阶段对东汉碑刻的语言研究正呈现出加速的趋势，越来越多的人加入到研究队伍中，如毛远明《汉魏六朝碑刻文献语言研究的思考》（《南京师范大学文学院学报》2005 年第 1 期）一文从宏观的角度对碑刻语料的语音研究价值，特别是词汇研究的价值进行了揭示，另外他在《读汉魏六朝石刻词语札记——兼及石刻词汇研究的意义》（《乐山师范学院学报》2000 年第 6 期）中考释了东汉碑刻中的“长夜”一词；魏平《汉碑连语概说》（《阿坝师范高等专科学校学报》2002 年第 2 期）则蜻蜓点水式地考察了汉碑（按：从作者所用语料看，基本为东汉碑刻）中的连语（按：据作者定义，文章的“连语”指复音词和经常连用的短语）的使用情况，对汉碑词汇的某些特点进行了揭示。真正对东汉碑刻词汇进行规模性研究的是刘志生撰写的有关复音词研究的一系列论文，如《东汉碑刻联合式复音词研究》（《古汉语研究》2006 年第 3 期）、《东汉碑刻偏正式复音词研究》（《语言研究》2006 年第 2 期）、《东汉碑刻典故词考察》（《唐山学院学报》2006 年第 4 期）、《东汉碑刻词语考释》［《苏州科技学院学报（社会科学版）》2006 年第 3 期］、《东汉碑刻中的缩略词语考察》［《延安大学学报（社会科学版）》2006 年第 4 期］、《东汉碑刻成语考察》（《广西社会科学》2006 年第 8 期）、《东汉碑刻词语考释十则》（《语文学刊》2006 年第 5 期）、《东汉碑刻支配式复音词初探》(《学术论坛》2006 年第 4 期)、《从东汉碑刻复音词看〈汉语大词典〉的书证迟后》[《常州工学院学报(社科版)》2006 年第 2 期]、《东汉碑刻三类复音词考察》[《西华师范大学学报(哲学社会科学版)》2007 年第 2 期] 等及专著《东汉碑刻复音词研究》(巴蜀书社 2007 年),首次从理论上和实践上对东汉碑刻复音词进行了比较全面、系统的整理和研究。

尽管东汉碑刻词汇的研究取得了不少成果,但还存在着明显的不足,如缺乏对词类系统的全面系统的研究,对在东汉碑刻中占有重要地位的形容词进行全面系统研究的专论尚未出现等。在以上所列的论著中,不乏涉及对形容词的研究,但都比较零散,缺乏系统性,大多是在论述复音词结构中有所涉及。当然,更值得注意的是,东汉碑刻中还有富有时代特点的丧葬词语未被涉及,还有大量被《汉语大词典》等大型语文辞书所漏载的词语未被考释。无疑,这些均不利于对东汉碑刻词汇特点的全面考察,也不利于对汉语历史词汇和汉语史的研究。

## 四、研究方法

本书所采取的总的研究方法是使用目前学界通用的专书词汇的描写模式,即把词法与句法、结构与功能相结合,从语法构成和语义构成两方面对东汉碑刻形容词进行描写,以揭示语素入词后所发生的语法变化和语义变化。具体做法:

(1) 共时与历时相结合。我们在研究过程中,既注重东汉碑刻中形容词、丧葬词语横断面的分析,又注意利用已有的研究成果考察其历史演变的情况。

(2) 定量分析。对东汉碑刻中形容词、丧葬词语的所有用例作穷尽式的调查统计,在穷尽调查的基础之上作穷尽描写,分析得出对研究汉语史有用的资料和数据。

(3) ACCESS 数据库统计分析法。在复音词统计方法上,我们没有采用传统的人工定量统计法,而是采用 ACCESS 数据库统计分析法。即甄别、切分出所选定的东汉碑刻语料所包含的全部词汇,逐条输入电脑,设定属性,建立 ACCESS 词汇数据库。

## 五、形容词的界定及范围

汉语是一种非形态语言,词类没有外在形态标准,或者说缺乏足够的形态标志,这给词的分类研究带来了严重障碍。进行形容词的研究自然要涉及词类划分的依据和标准问题。由于汉语缺少严格意义的形态变化,这使得汉语的词不具备像西方语言那样能清楚地显示词类的外在形式标记。这样,词类的划分就成了汉语研究的"老大难"问题,现代汉语如此,古代汉语也是如此。纵观汉语语法研究历史,汉语词类划分不外乎四个标准:

一是以黎锦熙、王力等语言学家的早期语法著作为代表的意义标准。最早可追溯到1898年出版的《马氏文通》。马建忠主张按词的意义来分类，对词类的划分不是只停留在虚与实的笼统的分类上。继马氏之后，主张意义标准的还有黎锦熙和王力。黎锦熙主张“词类是观念性质在语法中区分的品类”①，王力早期也主张按照意义来区别词类，说“中国语里词的分类，差不多完全只凭着意义来分”②。但因为很多汉语词汇在不同的语言环境里的具体意义不同，一个词可以同属于多个词类，所以很多人对这一标准持反对意见。

二是以陆宗达、俞敏、方光焘、胡裕树等语言学家为代表，主张“形态变化”。但因为汉语不像英语等印欧语言那样拥有丰富的形态标志，以形态来作为汉语词类的划分标准也没有得到比较广泛的认同。此外，词的形态又有广义、狭义之分，各自认同的标准很不一致，难以达成共识。如高名凯认为由于“汉语的实词没有足以分别名、动词的形态”，主张“汉语没有实词的类的区别”。而胡裕树则说“汉语词类不得不借助广义的形态”，因为汉语单词“有形态变化的毕竟是少数”，“形态不足以作为词类的主要标准”，只有求助于“广义的形态”。③可是广义的形态究竟包括哪些，很难有人能加以具体确定。

三是陈望道、陆志韦、赵元任、丁声树等语言学家倡导的“语法功能”标准。如陈望道说：“词的文法分类，从本质上说就是词的功能分类。”④ 朱德熙主张，“由于汉语不象印欧语那样有丰富的形态”，给汉语词的分类只能根据“语法功能”。

四是综合标准说。如吕叔湘就认为词类的划分，形态和功能是两个标准，意义是半个标准。与此相类似的是，朱德熙在《现代汉语形容词研究》一文中，对形容词进行全面深入的研究时，他采用的就是语法形式和语法意义相结合的标准，并把形容词分为简单形式和复杂形式两种。他认为，简单形式表示的是单纯的属性，复杂形式表示的是属性跟一种量的观念或说话人对于属性的主观估价作用发生联系。前者表示的是性质，后者表示的是这种性质的状况或情态。之后在《语法讲义》一书中，朱先生又明确地将形容词分为性质形容词和状态形容词两类，并指出两类形容词在语法意义上的区别，认为性质形容词单纯表示属性，状态形容词则带有明显的描写性。

我们划分东汉碑刻形容词词类时，参照了以上诸家的观点，具体的做法是：

第一，以语法功能标准为主。

---

① 黎锦熙：《新著中国语文法》，北京：商务印书馆1998年版。

② 王了一：《中国语法纲要》，上海：开明书店1943年版。

③ 胡裕树：《谈词的分类》，《中国语文》1954年第3期。

④ 陈望道：《文法简论》，上海：上海教育出版社1978年版。

汉语没有丰富的外部形态标志，划定词类的主要依据自然是词的语法功能，这是我们识别东汉碑刻形容词特别是单音节形容词的主要依据。在东汉碑刻中，形容词在句子中主要占据谓语、定语和状语等语法成分位置。

第二，以意义标准为辅。

划定东汉碑刻形容词时，我们以语法功能标准为主，同时也兼顾意义标准。这主要是因为东汉碑刻中的形容词同动词、名词特别是抽象的道德名词存在不少纠葛，有时单凭语法标准无法确定或不能准确认定，这时不得不借助于意义标准。

第三，以形式标准作参照。

在划分复音形容词时，我们就注意充分利用形式标准，将复音形容词中的非复合形容词切分出来。这样的复音形容词包括附加式复音词、叠音词和单纯复音词等。这些词相对于复合形容词而言，大多有形式上的标志，并且数量也相对有限，可以在穷尽封闭状态下进行鉴别。

## 六、研究语料篇目

| 篇名 | 时间 | 出处 |
| --- | --- | --- |
| 白石神君碑 | 光和六年 | 隶释 |
| 北海相景君碑 | 汉安二年 | 隶释 |
| 汉成阳令唐扶颂 | 光和六年二月二十五日 | 隶释 |
| 老子铭 | | 隶释 |
| 般坑君神祠碑 | 光和四年六月辛未 | 隶释 |
| 稿长蔡湛颂 | | 隶释 |
| 孔庙置百石卒史孔龢碑 | 永兴元年 | 隶释 |
| 童子逢盛碑 | 光和四年四月五日 | 隶释 |
| 史晨飨孔庙后碑 | 建宁元年四月十一日 | 隶释 |
| 上言复华下民租田口算状 | | 隶释 |
| 孙叔敖碑阴 | 延熹三年 | 隶释 |
| 仙人唐公房碑 | | 隶释 |
| 张公神碑 | 和平元年 | 隶释 |
| 无极山碑 | | 隶释 |
| 青衣尉赵孟麟羊窦道碑 | 永元十一年九月 | 隶释 |

（续上表）

| 篇名 | 时间 | 出处 |
| --- | --- | --- |
| 西狭颂 | | 隶释 |
| 广汉长王君治石路碑 | 建和三年冬 | 隶释 |
| 济阴太守孟郁修尧庙碑 | 永康元年 | 隶释 |
| 酸枣令刘熊碑 | | 隶释 |
| 郎中郑固碑 | 延熹元年四月 | 隶释 |
| 中常侍樊安碑 | 延熹三年 | 隶释 |
| 山阳太守祝睦碑 | 延熹七年八月 | 隶释 |
| 山阳太守祝睦后碑 | 延熹九年 | 隶释 |
| 荆州刺史度尚碑 | 永康元年 | 隶释 |
| 沛相杨统碑 | 建宁元年三月 | 隶释 |
| 冀州从事张表碑 | 建宁元年十一月 | 隶释 |
| 淳于长夏承碑 | 建宁三年六月 | 隶释 |
| 博陵太守孔彪碑 | 建宁四年七月 | 隶释 |
| 故民吴仲山碑 | 熹平元年十二月 | 隶释 |
| 繁阳令杨君碑 | 熹平三年三月 | 隶释 |
| 费凤别碑 | | 隶释 |
| 安平相孙根碑 | 光和四年十二月 | 隶释 |
| 司隶从事郭究碑 | | 隶释 |
| 太尉刘宽碑 | 中平二年二月 | 隶释 |
| 圉令赵君碑 | 初平元年十二月二十八日 | 隶释 |
| 高阳令杨著碑 | 建宁元年 | 隶释 |
| 梁相费泛碑 | | 隶释 |
| 绥民校尉熊君碑 | 建安二十一年 | 隶释 |
| 汉故执金吾丞武荣碑 | | 隶释 |
| 李翊夫人碑 | | 隶释 |
| 浚仪令衡立碑 | | 隶释 |
| 蜀郡属国辛通达李仲曾造桥碑 | 延熹七年五月 | 隶释 |
| 平舆令薛君碑 | 延熹六年 | 隶续 |
| 司徒掾梁休碑 | | 隶续 |

（续上表）

| 篇名 | 时间 | 出处 |
|---|---|---|
| 丹阳太守郭旻碑 | 延熹元年十一月 | 隶续 |
| 米巫祭酒张普题字 | 嘉平二年三月一日 | 隶续 |
| 都乡孝子严举碑 | 延熹七年五月 | 隶续 |
| 武都太守李翕天井道碑 | 建宁五年四月二十五日 | 隶续 |
| 张休崖涘铭 | 延熹三年三月 | 隶续 |
| 南安长王君子乡道碑 | 永元八年四月十日 | 隶续 |
| 封丘令王元宾碑 | 延熹四年五月 | 隶续 |
| 冀州从事郭君碑 | 光和三年十月 | 隶续 |
| 祀三公山碑 | 元初四年 | 金石萃编 |
| 敦煌长史武斑碑 |  | 金石萃编 |
| 宛令李孟初神祠碑 | 永兴二年六月 | 汉碑集释 |
| 豫州从事尹宙碑 | 熹平六年四月 | 金石萃编 |
| 樊毅修华岳碑 | 光和二年十月 | 隶释 |
| 司隶校尉杨淮碑 | 熹平二年二月 | 隶续 |
| 犀浦东汉“簿书”残碑 |  | 汉碑集释 |
| 孟孝琚碑 |  | 汉碑集释 |
| 三老讳字忌日记 |  | 汉碑集释 |
| 汉故谷城长荡阴令张君表颂 | 中平三年 | 金石萃编 |
| 袁安碑 |  | 汉碑集释 |
| 裴岑纪功碑 |  | 汉碑集释 |
| 武氏前石室画像题字 |  | 汉碑集释 |
| 武氏石室祥瑞图题字 |  | 汉碑集释 |
| 仓颉庙碑 | 延熹五年 | 汉碑集释 |
| 鲜于璜碑 | 延熹八年 | 汉碑集释 |
| 鲁峻碑 | 熹平二年四月 | 汉碑集释 |
| 堂溪典嵩高山石阙铭 |  | 汉碑集释 |
| 校官碑 | 光和四年 | 汉碑集释 |
| 曹全碑 | 中平二年 | 汉碑集释 |

（续上表）

| 篇名 | 时间 | 出处 |
|---|---|---|
| 缪纡墓志 | | 《文物》1985 年第 4 期 |
| 幽州书佐秦君石阙 | | 《文物》1964 年第 11 期 |
| □通封记 | 延熹六年二月三十日 | 汉魏南北朝墓志汇编 |
| 西岳华山亭碑 | 光和二年 | 隶释 |
| 平都侯相蒋君碑 | | 隶释 |
| 太尉陈球后碑 | | 隶释 |
| 相府小史夏堪碑 | | 隶释 |
| 赐豫州刺史冯焕昭 | | 隶释 |
| 金广延母徐氏纪产碑 | 光和元年 | 隶释 |
| 益州太守无名碑 | 永寿元年 | 隶释 |
| 斥彰长田君断碑 | | 隶续 |
| 成阳灵台碑 | 建宁五年五月 | 隶释 |
| 帝尧碑 | | 隶释 |
| 桂阳太守周憬功勋铭 | 熹平三年十一月 | 隶释 |
| 东海庙碑 | 熹平元年四月 | 隶释 |
| 益州太守高联修周公礼殿记 | 初平五年 | 隶释 |
| 梁相孔耽神祠碑 | 光和五年 | 隶释 |
| 鲁相韩敕造孔庙礼器碑 | 永寿二年 | 隶释 |
| 鲁相史晨奏祀孔子庙碑 | 建宁二年三月 | 隶释 |
| 西岳华山庙碑 | 延熹八年 | 隶释 |
| 桐柏淮源庙碑 | 延熹六年正月 | 隶释 |
| 楚相孙叔敖碑 | 延熹三年五月 | 隶释 |
| 张公神碑 | 和平元年 | 隶释 |
| 三公山碑 | 光和四年四月 | 隶释 |
| 蜀郡太守何君阁道碑 | | 隶释 |
| 司隶校尉杨孟文石门颂 | 建和二年十一月 | 隶释 |
| 析里桥郙阁颂 | | 隶释 |
| 国三老袁良碑 | 永建六年二月 | 隶释 |
| 从事武梁碑 | 元嘉元年七月 | 隶释 |

（续上表）

| 篇名 | 时间 | 出处 |
| --- | --- | --- |
| 敦煌长史武斑碑 | | 隶释 |
| 议郎元宾碑 | 延熹二年 | 隶释 |
| 冀州刺史王纯碑 | 延熹五年 | 隶释 |
| 车骑将军冯绲碑 | 永康元年十二月 | 隶释 |
| 孔谦碑 | 永兴二年七月 | 隶释 |
| 竹邑侯相张寿碑 | 建宁元年五月 | 隶释 |
| 卫尉衡方碑 | 建宁元年九月 | 隶释 |
| 金乡长侯成碑 | 建宁二年四月二日 | 隶释 |
| 郎中马江碑 | 建宁三年十二月 | 隶释 |
| 北军中侯郭仲奇碑 | 建宁五年三月 | 隶释 |
| 广汉属国侯李翊碑 | 熹平二年 | 隶释 |
| 堂邑令费凤碑 | 熹平六年九月 | 隶释 |
| 太尉陈球碑 | 光和二年 | 隶释 |
| 凉州刺史魏元丕碑 | 光和四年 | 隶释 |
| 幽州刺史朱龟碑 | 光和六年 | 隶释 |
| 小黄门谯敏碑 | 中平四年七月二十八日 | 隶释 |
| 巴郡太守樊敏碑 | 建安十年三月上旬 | 隶释 |
| 荆州从事苑镇碑 | | 隶释 |
| 戚伯著碑 | | 隶释 |
| 益州太守高颐碑 | 建安十四年八月 | 隶释 |
| 先生郭辅碑 | | 隶释 |
| 太尉杨震碑 | | 隶释 |
| 赵相雍劝阙碑 | | 隶释 |
| 吉成侯州辅碑 | 永寿二年十二月丙子 | 隶释 |
| 郎中王政碑 | 元嘉三年正月 | 隶续 |
| 防东尉司马季德碑 | | 隶续 |
| 严䜣碑 | 和平元年 | 隶续 |
| 司空孔扶碑 | 建宁元年三月 | 隶续 |
| 武都太守耿勋碑 | 熹平二年三月一日 | 隶续 |

（续上表）

| 篇名 | 时间 | 出处 |
| --- | --- | --- |
| 汉安长陈君阁道碑 | | 隶续 |
| 成皋令任伯嗣碑 | 延熹五年七月 | 隶续 |
| 真道冢地碑 | | 隶续 |
| 开通褒斜道石刻 | 永平六年 | 金石萃编 |
| 嵩岳太室石阙铭 | 元初五年四月 | 八琼室金石补正 |
| 武氏石阙铭 | 建和元年三月 | 金石萃编 |
| 闻喜长韩仁碑 | 熹平四年十一月 | 金石萃编 |
| 嵩高山开母庙石阙铭 | | 金石萃编 |
| 黾池五瑞画像 | | 隶释 |
| 武梁祠堂画像题字（一） | | 汉碑集释 |
| 武梁祠堂画像题字（二） | | 汉碑集释 |
| 武梁祠堂画像题字（三） | | 汉碑集释 |
| 孝廉柳敏碑 | 建宁二年十月 | 隶释 |
| 郭泰碑 | | 金石萃编 |
| 汉侍廷里父老僤买田约束石券 | 建初二年正月十五日 | 汉碑集释 |
| 贾武仲妻马姜墓记 | | 汉碑集释 |
| 嵩山泰室神道石阙铭 | | 汉碑集释 |
| 画像孔子等题字 | | 汉碑集释 |
| 武氏左石室画像题字 | | 汉碑集释 |
| 乙瑛碑 | 永兴元年 | 汉碑集释 |
| 封龙山颂 | 延熹七年 | 汉碑集释 |
| 许阿瞿画像石左方墓志 | | 汉碑集释 |
| 娄寿碑 | | 汉碑集释 |
| 赵宽碑 | 光和三年十一月 | 汉碑集释 |
| 孔褒碑 | | 汉碑集释 |
| 袁敞碑 | 元初四年 | 汉碑集释 |
| 太尉刘宽碑 | 中平二年二月 | 汉碑集释 |
| 山东嘉祥出土东汉永寿三年画像石题记 | | 《文物》1982 年第 5 期 |
| 家产黑驹 | | 《文物》1983 年第 5 期 |

（续上表）

| 篇名 | 时间 | 出处 |
| --- | --- | --- |
| 巴郡太守张纳碑 | | 隶释 |
| 慎令刘修碑 | | 隶释 |
| 外黄令高彪碑 | | 隶释 |
| 张宾公妻穿中二柱文 | | 隶释 |
| 费亭侯曹腾碑阴 | 延熹三年 | 隶释 |
| 富春丞张君碑 | | 隶释 |
| 仲秋下旬碑 | | 隶释 |
| 泰山都尉孔宙碑 | 延熹七年七月 | 隶释 |

# 第一章　东汉碑刻单音形容词研究

从音节的多寡看，形容词有单音节形容词和复音节形容词。单音词是汉语的基本词汇，是构成复音词的基础，在汉语词汇中占有非常重要的地位。我们对东汉碑刻中的单音形容词的认定，坚持以语法功能标准为主。汉语形态不发达，鉴别词类的最为有效的依据就是词的语法功能，我们确认东汉碑刻单音形容词，主要是根据其在句子中所处的句法成分的位置，大多能受程度副词修饰，一般不能带宾语。同时，我们也以意义标准作为辅助标准，主要是因为东汉碑刻中的形容词同动词、名词，特别是同抽象道德名词存在不易分辨之处，仅凭语法功能标准不能准确认定，只能借助于意义标准。另外，东汉碑刻形容词同样存在兼类、活用和通假现象，对于它们不能仅仅根据其句法位置来确定其词类属性，而要借助词义来进行鉴别。诸如使动用法、意动用法和形容词活用作名词都是形容词的临时用法，并没有改变形容词的特点，因为其词义核心并未发生改变，我们依然将它们归入形容词。

东汉碑刻共有形容词 1 173 个，其中单音形容词 333 个，占形容词总数的 28. 39% 。下面我们从使用频率和意义等方面来讨论东汉碑刻中的单音形容词。

## 第一节　单音形容词的使用频率

东汉碑刻中的单音形容词出现的次数各不相同，其出现次数的分布情况有以下几种：

（1）出现次数在 20 次（含）以上的共有 18 个：

| | | | | | | |
|---|---|---|---|---|---|---|
| 21 美[①] | 46 长 | 20 哀 | 52 先 | 22 威 | 22 灵 | 29 常 |
| 28 明 | 28 直 | 24 乐 | 20 少 | 26 著 | 21 尊 | 20 惠 |
| 28 高 | 21 安 | 23 光 | 23 显 | | | |

（2）出现次数在 10 次（含）到 19 次（含）之间的有 27 个：

| | | | | | | |
|---|---|---|---|---|---|---|
| 13 幼 | 17 宁 | 18 孝 | 17 重 | 14 古 | 10 盛 | 17 善 |
| 13 荣 | 10 皇 | 14 广 | 12 多 | 19 忠 | 13 隆 | 13 远 |

---

① 单音词前面的数字为该词的使用次数，下同。

| | | | | | | |
|---|---|---|---|---|---|---|
| 11悲 | 10平 | 12纯 | 18懿 | 18痛 | 11彰 | 17正 |
| 11恶 | 15旧 | 10大 | 14齐 | 11异 | 18清 | |

（3）出现次数在5次（含）以上9次（含）以下的有74个：

| | | | | | | | |
|---|---|---|---|---|---|---|---|
| 8恭 | 8洁 | 8康 | 8殷 | 8难 | 5铄 | 5弱 | 5絜 |
| 5强 | 6熹 | 7俭 | 7贤 | 6奸 | 8鲜 | 6艰 | 7渐 |
| 8穆 | 6殊 | 9和 | 8乱 | 5否 | 5危 | 5空 | 8圣 |
| 6衰 | 9盈 | 5恒 | 8肃 | 5富 | 5喜 | 7慎 | 8诚 |
| 5轻 | 6静 | 9微 | 5虚 | 5早 | 6困 | 5厚 | 5亮 |
| 5歆 | 7说 | 5贞 | 6闵 | 8众 | 8笃 | 8佥 | 5玄 |
| 6茂 | 5博 | 6烦 | 6死 | 5昌 | 8宽 | 6残 | 6悦 |
| 5苦 | 5枉 | 9真 | 5良 | 5亏 | 5险 | 5敏 | 6优 |
| 6精 | 6令 | 5故 | 7久 | 7深 | 7曜 | 5耻 | 7忧 |
| 7幽 | 7贵 | | | | | | |

（4）出现次数在4次（含）以下的有214个：

| | | | | | | | | |
|---|---|---|---|---|---|---|---|---|
| 2敷 | 3怒 | 4贪 | 3恬 | 1急 | 1煌 | 2暗 | 3颓 | 4耀 |
| 3廉 | 4满 | 4吉 | 2奢 | 2祥 | 3薄 | 4暴 | 4小 | 1倦 |
| 2沛 | 2浊 | 1猛 | 2亲 | 1周 | 4矜 | 3邪 | 2敝 | 4醇 |
| 3愚 | 2颐 | 4差 | 3遐 | 3群 | 3均 | 4欢 | 4信 | 4刚 |
| 1窘 | 2疏 | 3伪 | 4坚 | 1怛 | 1淑 | 3华 | 3雍 | 4珍 |
| 1奂 | 2炽 | 3细 | 1燥 | 2严 | 2慝 | 3寡 | 2诈 | 2怨 |
| 1秘 | 3豊 | 4老 | 1凄 | 2戚 | 1顽 | 3速 | 3藐 | 4柔 |
| 1黑 | 1粲 | 2恨 | 2滞 | 2虔 | 1惊 | 4屈 | 3滋 | 2愍 |
| 2香 | 1郁 | 3赫 | 1迟 | 1袤 | 4叡 | 1妙 | 1巧 | 2便 |
| 2谦 | 4峻 | 4曲 | 4休 | 4畏 | 3繁 | 1诬 | 4近 | 1晏 |
| 1怠 | 4贫 | 2靖 | 2陋 | 1昏 | 4焕 | 2辉 | 2勇 | 4彻 |
| 2寂 | 4温 | 3雄 | 1丑 | 1缓 | 3邈 | 1蠢 | 1艳 | 1爽 |
| 2新 | 2短 | 3切 | 1侈 | 1快 | 1涣 | 2密 | 2约 | 1澄 |
| 1猾 | 2惑 | 1侠 | 3夷 | 3洞 | 2凶 | 1普 | 1热 | 2黄 |
| 3丕 | 2融 | 2烂 | 1怅 | 1净 | 1恕 | 1溥 | 3奇 | 2孤 |
| 1寒 | 4哲 | 1迩 | 3琦 | 1坏 | 2闷 | 4慈 | 2活 | 1睦 |
| 1丰 | 2浃 | 2全 | 2贱 | 1啚 | 1绵 | 4徽 | 2逸 | 1夙 |
| 1悯 | 1稚 | 2卑 | 2欣 | 1谬 | 1惮 | 2慢 | 2次 | 1穷 |
| 1攸 | 1欣 | 1翩 | 1妄 | 1滥 | 1赤 | 1惨 | 1愲 | 1矫 |
| 1暖 | 1訹 | 1惆 | 1憀 | 3巨 | 1沃 | 3弘 | 1赳 | 2愤 |

| | | | | | | | | |
|---|---|---|---|---|---|---|---|---|
| 2 恻 | 1 狂 | 1 格 | 1 淡 | 1 缪 | 3 雅 | 1 旷 | 2 祯 | 1 虐 |
| 1 狭 | 1 顺 | 1 硕 | 2 洪 | 1 祺 | 1 澧 | 3 熙 | 1 巍 | 1 瘠 |
| 1 敞 | 1 裕 | 1 禧 | 1 回 | 2 好 | 1 罕 | 1 毒 | 1 浚 | 1 楙 |
| 1 稔 | 1 苛 | 1 盲 | 1 别 | 1 菲 | 2 私 | 1 婉 | | |

由上可以看出，在东汉碑刻中使用频率在 5 次（含）以上的单音形容词，除了少数几个是因为语体的关系而使用次数较多以外，其他都是跟日常生活关系比较紧密的常用词，在东汉以前和同期其他传世典籍中的使用频率也比较高，故而生命力比较旺盛，相当一部分还一直流传到今天，成为现代汉语的原型形容词。同时，这些使用频率比较高的单音形容词大多是多义词，有的义项多达四五个。相反，那些使用频率比较低的，特别是绝大多数使用频率仅 1 次的单音形容词，大多意义比较古奥难懂，与日常生活联系也不够紧密，带有非常强烈的碑刻语体色彩。同时，这些词的义项也较少，大多只有一个义项。

## 第二节　单音形容词的语义类型

对形容词的研究，存在着对形容词进行下位分类的问题。对形容词次类划分的标准，有的根据语法功能标准，有的根据意义标准。汉语形容词从意义上来看，可分为性质形容词和状态形容词。东汉碑刻单音形容词基本上为性质形容词。研究表明，几乎所有的语言里都有表示数量、年纪、色彩和价值意义的形容词，自然，汉语也不例外。词的语义特征虽然不能单独作为划分词类的标准，但它可以作为划分词类的基础，因为语义的类别有时就是语法意义的类别，语义范畴类型与句法成分之间有着密切的关联。下面我们就从评价、属性、空间、度量、颜色、情态、年纪、数量、时间等语义域对东汉碑刻单音形容词进行考察。

### 一、语义域分布情况

#### （一）表示评价的形容词

东汉碑刻中表示评价的形容词共 149 个，它们或表示人的伦理观念和道德品质，或表示事物的性质，如“柔”、“和”、“温”、“洁”、“奢”、“俭”、“强”、“乱”、“周”、“廉”、“约”、“纯”、“正”、“贵”、“刚”、“静”、“懿”、“确”、“美”、“巧”等。例如：

①其辞曰：君体履柔和，温其如玉。（堂邑令费凤碑）

②□□束修，操洁冰雪。（相府小史夏堪碑）

③匪奢匪俭，率由旧章。（白石神君碑）

④四百年之际，变异蜂启，旋机离常，玉衡失统，强桀并兼，人怀侥幸。（益州太守高眹修周公礼殿记）

⑤杞缯潜替，又遭乱秦。（嵩高山开母庙石阙铭）

⑥刑无斧钺之周，行无拘绁之人。（巴郡太守张纳碑）

⑦禀性干元，世世廉约，故能高如不危，满如不溢。（济阴太守孟郁修尧庙碑）

⑧镇南将军荆州牧侯山阳刘君讳表字景升，以君禀纯履正，出自帝宇，缅荣轻举，厉志疾邪，牧侯［缺］葬［缺］为民所安，命还拜绥民校尉，领曲红长。（绥民校尉熊君碑）

⑨虽王公之尊，四海之富，曾□□□□□□毛天地之性，斯其至贵者也。（仙人唐公房碑）

⑩文武彬彧，柔而能刚。（小黄门谯敏碑）

⑪神乐其静，脩荤无形。（西岳华山亭碑）

⑫懿乎其纯，确乎其操。（郭泰碑）

⑬宣慈惠和，柔不可诎。（安平相孙根碑）

⑭汉中太守南阳郭君，讳芝，字公载，修北辰之政，驰周、邵之风，歆乐唐君神灵之美，以为道重者名邵，德厚者庙尊。（仙人唐公房碑）

⑮师工精密，有班道之巧，使府内百石［缺］城。（济阴太守孟郁修尧庙碑）

其他还有“婉”、“瘠”、“穷”、“谬”、“坏”、“哲”、“凶”、“雄”、“顽”、“伪”、“敝”、“猛”、“暗”、“明”、“否”、“清”、“休”、“愚”等。

在表示评价类形容词中，表示人的伦理观念及道德品质的词占据了东汉碑刻单音形容词的绝大多数，这可能跟碑刻语体有着密切的关系。因为立碑撰文的目的是彰功表绩，焕往辉来，向社会宣扬孝道、展示亡者的德勋。这正如碑文所言，“作范后昆”，“揽英雄之迹兮以［缺］来哲，嗣长基而广宇兮后世无废违”（绥民校尉熊君碑），“爰勒兹铭，摛其光耀。嗟尔来世，是则是效”（郭泰碑）。这就决定了东汉碑刻词汇大量地使用评价类形容词。

**（二）表示属性的形容词**

东汉碑刻中表示属性的单音形容词有“直”、“厚”、“薄”、“坚”、“平”、“燥”、“旧”、“香”、“美”、“残”、“新”、“热”、“寒”、“活”、“慢”、“暖”、“故”、“甘”等18个。例如：

①鏁山浚渎，路以安直。（西狭颂）

②处厚不薄，居实舍荣。（老子铭）

③部西都道桥掾李［缺］馔锤西坂天井山止［缺］八（入字）丈四尺，坚无陷溃，安无倾覆，四方赖之，民悦无强。（五都太守李翕天井道碑）

④又醳散关之崭漯，从朝阳之平燥。（析里桥郙阁颂）

⑤又省此阁，就乎平便。（汉安长陈君阁道碑）

⑥以传窄狭，不足处尊卑，庙舍旧久，墙屋倾亚，世室不修，《春秋》作讥。（樊毅修华岳碑）

⑦史君念孔渎颜母井去市辽远，百姓酤买，不能得香酒美肉，于昌平亭下立会市，因彼左右，咸所愿乐。（史晨飨孔庙后碑）

⑧特受命，理残圮。（曹全碑）

⑨□□□□□盛，胙日新而累熹。（嵩高山开母庙石阙铭）

⑩身冒炎赫火星之热，至属县巡行穷匮，陟降山谷，经营拔涉，草止露宿，扶活养餐千有余人。（武都太守耿勋碑）

⑪爰有偏移，子骞衣寒，御车失棰。［武梁祠堂画像题字（二）］

⑫赤子遗慈，以活以生。（武都太守耿勋碑）

⑬昔孔子制义，承奉则有兴盛之福，慢期即致来咎之变。（国三老袁良碑）

⑭智舍渊薮，仁隆春暖，义高秋云，行洁冰霜，慷慨壮厉，临［下缺］休，誉固已著矣。（荆州刺史度尚碑）

⑮故茔迫窄，兆告斯士，先君之庚地［缺］处还敞□□□□□神，东看祖祢，西眷旧庐。（郎中马江碑）

⑯是以三剖符守，致黄龙、嘉禾、木连、甘露之瑞。（西狭颂）

这类表属性形容词往往表示的是人或物的某种特征和状况，其所表述的概念内涵相对单纯，具有绝对性质的特点，没有度、量的变化。这类词往往跟人的日常生活有密切的关系，属于基本词汇，后世传用不衰。

### （三）表示空间的形容词

东汉碑刻中表示空间的形容词有“遐”、“高”、“隆”、“曲”、“近”、“远”、“侠（狭窄）”、“宽”、“迩”、“巨”、“敞”、“乔（高大）”等12个。例如：

①幽不见兮存厥刑，嗟曰遐兮适窅窅。（李翊夫人碑）

②太山虽高，无得而拟，剑道虽险，孰可为比？（张休崖涘铭）

③余谷之川，其泽南隆。（司隶校尉杨孟文石门颂）

④维兮本造此穿者，张宾公妻、子伟伯、伯妻、孙陵在此右方曲内中。（张宾公妻穿中二柱文）

⑤恤忧矜厄，施而不记，由近及远，靡不覆载。（费凤别碑）

⑥君发弘谋，虑斯□□□南移北，徙侠就宽。（成皋令任伯嗣碑）

⑦柔遐能迩，克亮□□□蛇［缺］机，夙夜惟寅。（丹阳太守郭旻碑）

⑧草木畅茂，巨仞不数。（三公山碑）

⑨其土地郁坳增高敞，宜生有德君子焉。（老子铭）

⑩出从幽谷，迁于乔木。（三公山碑）

东汉碑刻的空间概念类形容词中，“迩”、“遐”是从先秦继承下来的古语词，两者构成反义词。迩，《国语・鲁语上》“又求自迩”，韦昭注：“迩，近也。”遐，《楚辞・九叹・愍命》“废周邵于遐夷”，王逸注：“遐，远也。”“远”和“近”这对反义词一直流传到现在。“侠”通“狭”，与“宽”构成反义词，这与现代汉语有所不同。

### （四）表示度量的形容词

东汉碑刻中表示度量的形容词仅有“小”、“大”、“袤”、“深”等。例如：

①由是小徯乃平直，大道允通利，抱布贸丝，交易而至，升涉周旋，功万于前。（桂阳太守周憬功勋铭）

②立石为体，二丈五尺所，政南□上□青下黄白色，前政平可布两大席，山周匝二十余。（无极山碑）

③蜀郡太守平陵何君，遣掾临邛舒鲔，将徒治道，造尊楗阁，袤五十五丈，用功千一百九十八日。（蜀郡太守何君阁道碑）

④池水［缺］兮钓台粲，四角楼兮临深涧。（张公神碑）

东汉碑刻未见用“长”来表示度量，却用与其意义相类似的“袤”来表示度量。《说文・衣部》：“南北曰袤，东西曰广。”《广雅・释诂二》“袤，长也”，王念孙疏证：“对文则横长谓之广，纵长谓之袤。散文则横长亦谓之袤，周长亦谓之袤。”“大”和“小”表示对立的概念早在甲骨文中就已出现，东汉碑刻继续沿用，并且一直使用至今。

### （五）表示颜色的形容词

东汉碑刻中表示颜色的形容词有“黑”、“仓”、“黄”、“白”、“素”、“赤”、“紫”、“青”、“丹”、“玄”等。例如：

①承敝遭衰，黑不代仓，周流应聘，叹凤不臻。（鲁相史晨奏祀孔子庙碑）

②□□□学问，竞轨往德，时已更迁，□□□仪，或黄或白。（缪纡墓志）

③白菟素鸠，游君园庭。（汉成阳令唐扶颂）

④黄龙白虎，伏在山所。（三公山碑）

⑤赤罴，仁奸息［下缺］木连理，王者德纯洽，八方为一家，则连理生。（武氏石室祥瑞图题字）

⑥惧祖紫宫，大一所授。（鲁相韩敕造孔庙礼器碑）

⑦而青蝇嫉正，丑直实繁，横共构谮，慷慨暴薨。（太尉杨震碑）

⑧［缺］于旧［缺］长决□□折而不朽，名勒丹书。呜呼哀哉！（益州太守无名碑）

⑨玄砾蒐芦，生延台涯。（成阳灵台碑）

⑩于是乃以药涂屋柱，饮牛马六畜，须臾有大风玄云，来迎公房妻子。（仙人唐公房碑）

从上可看出，东汉碑刻颜色形容词的种类已相当全面，按照其所表示颜色的不同，大致可以分成以下六类：表示黑色的“黑”、“玄”，表示红色的“赤”、“丹”，表示白色的“白”、“素”，表示黄色的“黄”，表示青色的“青”、“仓”，表示紫色的“紫”。颜色形容词数量的多少反映了一个民族文化的发达程度，越是发达的民族和地区，其颜色形容词就越丰富。东汉碑刻颜色形容词的大量使用，从一个侧面说明东汉社会文化的发达和人们对事物认识的不断深化。

**（六）表示情态的形容词**

东汉碑刻中表示情态的形容词有“怒”、“欢”、“喜”、“哀”、“痛”、“惊”、“欣”、“盛”等42个，它们主要表示对行为和事态的评价。例如：

①未怒而惧，不令而从，云行雨施，□□大和，海内归公，卿之任矣。（博陵太守孔彪碑）

②雪未消泽，时日清和，神欢民喜，诚圣朝劳神日昃，广被四表，覆毓之德，神人被施，遐迩大小，莫不幸甚。（上言复华下民租田口算状）

③熹平二年三月六日癸酉到官，奉宣诏书，哀闵垂恩，猛不残义，宽不宥奸，喜不纵慝，威不戮仁，赏恭罚否，畀奥［缺］流。（武都太守耿勋碑）

④凡百咸痛，士女涕泠，臣子褒术刊勒铭。（巴郡太守樊敏碑）

⑤是时府在西成，去家七百余里，休谒往徕，转景即至，阖郡惊焉，白之府君，从为御史。（仙人唐公房碑）

⑥□□□乐，行人夷欣。（析里桥郙阁颂）

⑦时有盛雨，彭濞涌溢，乘高趋下，扬波跳沫。（殽坑君神祠碑）

例⑦中的“盛”形容雨势的猛烈。

其他还有“熹”、“满”、“盈”、“狂”、“慎”、“彻”、“恭”、“暗”、“明”、“满”、“乐”、“倦”、“耻”、“肃”、“窘”、“怛”、“悲”、“凄”、“戚”、“困”、“恨”、“愍”、“茂”、“畏”、“悦”、“快（高兴）”、“夷”、“闷”、“惮”、“愤”、“恻”、“楙”、“矜”、“耀”等。表示情态的形容词在东汉碑刻中数量也相对较多，它们在现代汉语中基本上被保留下来，并作为构词语素大量地创造双音节新词。

### (七) 表示年纪的形容词

东汉碑刻中表示年纪的形容词仅有“幼”、“弱”、“老”、“长”、“少”等少数几个。例如：

①幼与同好镌坟典于茅庐，是以根经纬，综精微，诲童冠而不倦。(太尉刘宽碑)

②掮育孩嘤，弱而能言。(童子逢盛碑)

③柏榆(伤)亲年老，气力稍衰，笞之(不)痛，心怀楚悲。[武梁祠堂画像题字(三)]

④君讳耽，兄弟三人，君最长。(梁相孔耽神祠碑)

⑤其少也，孝友而悦学；其长也，宽舒如好施。(先生郭辅碑)

⑥幼体兰石自然之姿，长膺清妙孝友之行，祖述家业，修《春秋经》，升堂讲诵，深究圣指。(孔谦碑)

例②“弱”乃“少小”义。东汉碑刻中，“幼”和“少”均可与“长”对言。

### (八) 表示数量的形容词

东汉碑刻中表示数量的形容词有“多”、“群”、“鲜”、“寡”、“众”、“繁”、“全”等。例如：

①郡阻山□□□以饥馑，斯多草窃，罔不□贼刘曼张丙等，白日攻剽，坐家不命。(博陵太守孔彪碑)

②自右校君以旧墓在水阙，而坟墓多，地势□□□□□斯造坟垅，树碑铭。(赵相雍劝阙碑)

③复帅群宗，贫富相均。(成阳灵台碑)

④道牟群仙，德润故乡，知道者鲜，历世莫纪。(仙人唐公房碑)

⑤亮矣清，寡匹伦。(北军中侯郭仲奇碑)

⑥济阴太守河南偃师孟府君，讳郁，字敬达，治《尚书经》，博览众文。(济阴太守孟郁修尧庙碑)

⑦有四男三女，咸高贤姣婳，富贵显荣，可谓子孙繁者已。(先生郭辅碑)

⑧诛呼衍王等，斩馘部众，克敌全师。(裴岑纪功碑)

⑨故使婿乡春夏毋蚊蚋，秋冬鲜繁霜，疠虫不遐，去其螟蛸，百谷收入，天下莫知，斯德佑之效也。(仙人唐公房碑)

东汉碑刻中表示数量多的单音形容词有5个，而表示数量少的仅2个，两者的词数极不平衡。值得注意的是东汉碑刻中不见表示数量的“少”，却有用“少”来形容地位低的用例，如“世虽短兮名悠长，位虽少兮功悠扬”（冀州从事张表碑）。东汉碑刻中“少”还有副词的用法，义为“稍微”，如“命不少延，年六十四，以光和六年□□□□□□□□□□□□”（幽州刺史朱龟碑）。这可能与碑刻主要用于褒扬的功用有关，极言“多”而讳言“少”。

### （九）表示时间的形容词

东汉碑刻中表示时间的形容词有“古”、“先”、“常”、“迟”、“短”、“夙”、“长”、“久”、“早”、“晚”等。例如：

①古先哲王，类帝禋宗，望于山川，遍于群神。（白石神君碑）

②牧子统，金城太守沛相，让子著，高阳令，皆以宰府为官，奉遵先训，易世不替，天钟嘉祚，永世罔极。（太尉杨震碑）

③营宇既定，礼秩有常。（白石神君碑）

④祷禳请祈，应速不迟。（无极山碑）

⑤世虽短兮名悠长，位虽少兮功悠扬。（冀州从事张表碑）

⑥嗣子迁，寔以幼弱，夙叙王爵，而丧所天，礼备复位，以延熹三年冬十有一月自上蒸祭，乃寻惟烈考恭修之懿，勒之碑石，俾不失队。（中常侍樊安碑）

⑦于穆肃雍，上下蒙福，长享利贞，与天无极。（史晨飨孔庙后碑）

⑧邦域既宁，久劳于外，当还本朝，以叙左右。（敦煌长史武斑碑）

⑨旻天不吊，命也早殁。（堂邑令费凤碑）

⑩故吏故郭施业字世坚，义民堂邑戚忠，忠年十有一，慈考早陨丧，以备于礼制，蓬首而□□，□坏而消辟，地□□□行。（堂邑令费凤碑）

⑪国□□宝，英彦失畴，列宿亏精，晚学后时。（故益州太守北海相景君铭）

⑫刊石铭，传晚年。（相府小史夏堪碑）

东汉碑刻表示时间概念的形容词也比较丰富，既有表示时间早晚的，也有表示时间长短的，绝大部分一直流传到现代汉语。

## 二、小结

从上可以看出，东汉碑刻单音节形容词的语义类型具有如下显著的特点值得我们注意：

（1）富有鲜明的时代特征和语体特征。东汉碑刻单音节形容词不仅词汇数量多，而且拥有评价、属性、空间、度量、颜色、情态、年纪、数量、时间等多种语义域，特别是表示抽象概念的形容词成批、成系统地出现，其中表示人的伦理观念和道德品质的评价类形容词数量大增，这既是社会文明进步的产物，更是当时人们的认识能力不断提高的结果，当然也从一个侧面反映出东汉碑刻形容词具有鲜明的语体特点。

（2）具有系统性特点，表现出一定程度的成熟性。东汉碑刻单音形容词拥有众多的同义类聚体、反义类聚体，常常同义词、反义词成对地对称使用，表现出东汉碑刻单音节形容词的系统性特点，从一个方面说明东汉碑刻形容词发展得相对成熟。

（3）具有原型性特点，绝大多数流传到现代汉语。东汉碑刻单音节形容词绝大多数是形容词中的基本词汇和典型成员，表现出原型性特征。它们当中的绝大部分一直流传到现代汉语，有的成为现代汉语单音节形容词的基本词汇，有的则成为现代汉语多音节形容词的词素。

## 第三节　东汉碑刻多义单音形容词的义项分布

东汉碑刻有单音形容词 333 个，其中单义词 298 个，占单音形容词总数的 89. 49%，多义词 35 个，占单音形容词总数的 10. 51%。也就是说，在东汉碑刻单音形容词中，从所包含的义项多少来看，是以单义词为主的，多义词所占比例较小。下面我们就东汉碑刻多义单音形容词的义项分布特点进行考察，为探讨多义形容词义项的历史发展及其分布规律提供一方面的资料。

### 一、义项分布情况

#### （一）具有 2 个义项的多义形容词

在东汉碑刻中，具有 2 个义项的多义单音形容词共有 26 个，占多义单音形容词总数的 74. 29%。例如：

【鲜】

“鲜”作形容词在东汉碑刻中有 2 个意义：

一为“少”义：

①道牟群仙，德润故乡，知德者鲜，历世莫纪。（仙人唐公房碑）

②平阿湶泥，常荫鲜晏。（司隶校尉杨孟文石门颂）

③府县请召，未曾窥城，守鲜贫苦，不豫辉荣。（故民吴仲山碑）

④久游大学，藐然高厉，鲜于双匹。（汉故执金吾丞武荣碑）

⑤宜乎昆仑，日月所蔽，行人过兹，鲜不垂涕。（张休崖涘铭）

⑥盖除患蠲难，为惠鲜能行之。（五都太守李翕天井道碑）

⑦故使婿乡春夏毋蚊蚋，秋冬鲜繁霜，疠蛊不遐，去其螟蠈，百谷收入，天

下莫知，斯德佑之效也。（仙人唐公房碑）

一为“洁净”义：

⑧列种嘉奇树，特为之润鲜，忠业与□□犹君恩使然。（堂邑令费凤碑）

【旧】

“旧”作形容词在东汉碑刻中有2个意义：

一为“原来的，从前的”义：

①再奉朝娉，十辟外台，常为治中诸部从事，举直错枉，谭思旧制，弹饕纠贫，务锄民秽。（巴郡太守樊敏碑）

②于是遂开拓旧兆，改立殿堂。（白石神君碑）

③惟中平三年，岁在摄提，二月震节，纪日上旬，阳气厥析，感思旧君。（汉故谷城长荡阴令张君表颂）

④大将军辟举（高）第，拜（侍御史），迁梁令，丧旧君去官。（太尉刘宽碑）

⑤旧都余化，诗人所咏，并有亡新，君□□□□隆宽粟。（卫尉衡方碑）

⑥国旧秩而祭之，以为三望。（封龙山颂）

⑦自右校君以旧墓在水阙，而坟墓多，地势□□□□□斯造坟垅，树碑铭。（赵相雍劝阙碑）

⑧君之弟故太尉公薨，归葬旧陵。（丹阳太守郭旻碑）

⑨春秋七十三，延平元年七月四日薨，皇上瀏悼，两宫賻赠，赐秘器，以礼殡，以九月十日葬于芒门旧茔。（贾武仲妻马姜墓记）

⑩汉初平五年仓龙甲戌旻天季月，循旧筑周公礼殿。（益州太守高眹修周公礼殿记）

⑪于是族旧门人，莫不伤瘁。（议郎元宾碑）

一为“陈旧的”义：

⑫以传窄狭，不足处尊卑，庙舍旧久，墙屋倾亚，世室不修，《春秋》作讥。（樊毅修华岳碑）

⑬因缮旧室，整顿端平。（西岳华山亭碑）

【大】

“大”作形容词在东汉碑刻中有2个意义：

一为“在程度、重要性、规模等方面超过所比对象”义：

①辉裔昌远，大乃侯伯，分仕诸夏。（山阳太守祝睦碑）

②［缺］欲救民，德弥大兮。（巴郡太守樊敏碑）

③君子嘉之，孝莫大焉。[武梁祠堂画像题字（二）]

二为“在面积、数量、体积等方面超过一般，与‘小’相对”义：

④立石为体，二丈五尺所，政南□上□青下黄白色，前政平可布两大席，山周匝二十余。（无极山碑）

⑤墙垣坏决，作屋涂色，修通大沟，西流里外，南注城池。（史晨飨孔庙后碑）

【赫】

“赫”作形容词在东汉碑刻中有2个意义：

一为“火红色”义：

①因孟府饬治大殿，自率掾史□□驻驾便坐，南北［缺］望，表内相副，赫如屋赭，兰然成龙。（济阴太守孟郁修尧庙碑）

一为“显赫”义：

②其辞曰：铄鸿德，赫含光。（郎中马江碑）

③门堂郁兮文耀光，公神赫兮坐东方。（张公神碑）

【茂】

“茂”作形容词在东汉碑刻中有2个意义：

一为“草木繁盛”义：

①芝草茂木，潇潇滋荣。（张公神碑）

②列种槐梓，方茂烂兮。（张公神碑）

一为“美盛”义：

③既陨慈恕，续嗣不茂，哀心摧剥。（富春丞张君碑）

④其辞曰：天降雄彦，资才卓茂。（汉故执金吾丞武荣碑）

⑤叶叶昆嗣，福禄茂止。（先生郭辅碑）

在东汉碑刻中具有2个义项的单音形容词占绝大多数，其他还有“洁”、“明”、“直”、“薄”、“微”、“虚”、“寡”、“痛”、“正”、“厚”、“恶”、“众”、“幽”、“曲”、“博”、“宽”、“残”、“苦”、“慢”等。

### （二）具有3个（含）以上义项的多义形容词

在东汉碑刻中具有3个（含）以上义项的多义单音形容词共有9个，占多义单音形容词总数的25.71%。其中具有3个义项的有“和”、“隆”、“平”等3个，具有4个义项的有“盛”、“高”、“弱”、“美”等4个，具有5个义项的有“长”，具有6个义项的有“清”。例如：

【和】

“和”作形容词在东汉碑刻中有3个意义：

一为“和顺，平和”义：

①刚柔攸得，以和以平。（沛相杨统碑）

一为“和谐”义：
②天时和兮甘露泠，日番［缺］兮无亏倾。（张公神碑）
③飑雨时降，和其寒暑。（三公山碑）
④积和感畅，岁为丰穰，赋税不烦。（酸枣令刘熊碑）
一为“和睦，融洽”义：
⑤百姓欣和，举国蒙庆。（鲁相韩敕造孔庙礼器碑）
⑥令德高誉，遗爱日新，内和九亲，外睦远邻。（鲜于璜碑）
⑦深达和民事神之义，精通诚至，礿祭之福。（西岳华山庙碑）

**【隆】**

“隆”作形容词，在东汉碑刻中有3个意义：
一为“高”义：
①余谷之川，其泽南隆。（司隶校尉杨孟文石门颂）
一为“盛，隆盛”义：
②维恩并隆，远人宾服。（西狭颂）
③哀矣懽伤，感惟既殁，德之隆者，莫盛不朽。（繁阳令杨君碑）
④复莅五年，政隆上古，流移归怀，襁负而至。（绥民校尉熊君碑）
⑤《诗》云恺悌，君隆其恩。（汉故谷城长荡阴令张君表颂）
⑥威隆秋霜，恩踰冬日。（樊毅修华岳碑）
⑦智舍渊薮，仁隆春暖，义高秋云，行洁冰霜，慷慨壮厉，临［下缺］休，誉固已著矣。（荆州刺史度尚碑）
一为“兴盛，使兴隆”义：
⑧乞差诸赋，复华下十里以内民租田口算，以宠神灵，广祈多福，隆中兴之祚。（上言复华下民租田口算状）

**【平】**

“平”作形容词在东汉碑刻中有3个意义：
一为“平坦”义：
①又省此阁，就乎平便。（汉安长陈君阁道碑）
②又醳散关之嶃漯，从朝阳之平燥。（析里桥郙阁颂）
③立石为体，二丈五尺所，政南□上□青下黄白色，前政平可布两大席，山周匝二十余。（无极山碑）
一为“太平、安定”义：
④□□□睦，宇宙称平。（平都侯相蒋君碑）
一为“平和”义：
⑤刚柔攸得，以和以平。（沛相杨统碑）

【盛】

“盛”作形容词在东汉碑刻中有4个意义：

一为“大”义：

①时有盛雨，彭濞涌溢，乘高趋下，扬波跳沫。（殽坑君神祠碑）

一为“显赫”义：

②功名休赫，盛巍难蔽障。（严䜣碑）

③慕巍巍之盛，乐风俗之美，遂安处基业，属都乡高相里，因氏仲焉，以传于今。（济阴太守孟郁修尧庙碑）

④是以兄弟并盛，双据二郡，宗亲赖荣。（中常侍樊安碑）

⑤哀矣憔伤，感惟既殁，德之隆者，莫盛不朽。（繁阳令杨君碑）

一为“多，众多”义：

⑥敦书悦礼，［缺］心术艺，土阶环堵，兼业并授，门徒云集，盛于洙泗。（封丘令王元宾碑）

一为“旺”义：

⑦火阳之盛，先暗后明，遂以侯伯，恢践帝宫。（成阳灵台碑）

【高】

“高”作形容词在东汉碑刻中有4个意义：

一为“由下至上距离大，与‘低’相对”义：

①父有余财，东西南北，不能起楼高殿。（故民吴仲山碑）

②高山崔嵬兮，水流荡荡。（析里桥郙阁颂）

③羊窦道旧故南上高山，下入深谷，危骏回远，百姓患苦。（青衣尉赵孟麟羊窦道碑）

④于是熹平三年，岁在摄提，仲冬之月，曲红长零陵重安区祉字景贤，遵承典宪，宣扬德训，帅礼不越，钦仰高山。（桂阳太守周憬功勋铭）

⑤陟彼高冈，臻兹庙侧。（桐柏淮源庙碑）

⑥跨高山，铺云际。（国三老袁良碑）

⑦其辞曰：天作高山，实为封龙。（封龙山颂）

一为“在一般标准之上的”义：

⑧太山虽高，无得而拟，剑道虽险，孰可为比？（张休崖涘铭）

⑨吁嗟此山，高且险只，上视彼苍，相去能几？（张休崖涘铭）

⑩高难隐，深不测。（司徒掾梁休碑）

⑪其辞曰：天寔高，唯圣同。（圉令赵君碑）

⑫智舍渊薮，仁隆春暖，义高秋云，行洁冰霜，慷慨壮厉，临［下缺］休，誉固已著矣。（荆州刺史度尚碑）

⑬山高听下，恐近庙小民不堪役赋，有饥寒之窘，违宗神之敬。（上言复华下民租田口算状）

⑭将蹈鸿涯之遐迹，绍巢、许之绝轨，翔区外以舒翼，超天衢以高峙。（郭泰碑）

一为“高尚，清高”义：

⑮英儒仰则，景附其高。（繁阳令杨君碑）

⑯司马慕蔺相，南容复白珪，仰之以弥高，钻之而弥坚，不堪哀且思，叙诗之一篇，庶几昔子夏，起夫子之所言。（费凤别碑）

一为“等级高”义：

⑰玄虚守静，乐无名，守不德，危高官，安下位，遗孔子以仁言，辟世而隐居，变易姓名，唯恐见知。（老子铭）

**【长】**

“长”作形容词在东汉碑刻中有5个意义：

一为“指时间距离较大，与‘短’相对”义：

①曷亿遘罹，景命不长。（小黄门谯敏碑）

②道阻而且长，望远泪如雨。（费凤别碑）

一为“长久，久”义：

③君躬自案行，以眇思省去根阁，令就土著，长无劳费，为万世基。（汉安长陈君阁道碑）

④于穆肃雍，上下蒙福，长享利贞，与天无极。（史晨飨孔庙后碑）

⑤长履景福，子子孙孙。（三公山碑）

一为“擅长，善”义：

⑥夏禹长于地理，脉泉知阴。随时设防，退为肉刑。［武梁祠堂画像题字（一）］

一为“成年，与‘幼’相对”义：

⑦幼体兰石自然之姿，长膺清妙孝友之行，祖述家业，修《春秋经》，升堂讲诵，深究圣指。（孔谦碑）

⑧其少也，孝友而悦学；其长也，宽舒如好施。（先生郭辅碑）

⑨君则上党太守之弟，幼履慈孝之德，长执忠謇之操。（金乡长侯成碑）

⑩幼有贞恪谦约之操，长柯芬芳成人之行，通经综纬，兼究古雅。（广汉属国侯李翊碑）

⑪少以文塞，敦庬允元，长以钦明，耽《诗》悦《书》。（卫尉衡方碑）

一为“排行第一的”义：

⑫君讳耽，兄弟三人，君最长。（梁相孔耽神祠碑）

**【清】**

“清”作形容词在东汉碑刻中有6义：

一为水明澈。与“浊”相对：

①饮清泉兮□□□，见［缺］伏兮不骇惊。（张公神碑）

二为高洁义：

②清过夷、齐，行同参、骞，以身率下，非礼不言。（汉安长陈君阁道碑）

③及其从政，清拟夷齐，直慕史鱼。（曹全碑）

三为太平义：

④承考让国，家于河南，究职州郡，辟公府，除防东长中都令，诛强虣，抚瘠民，二鄙以清，命守斯邦。（樊毅修华岳碑）

⑤班化黎元，既清且宁。（沛相杨统碑）

四为洁净，纯洁：

⑥介然清皓，渐心于道。（山阳太守祝睦后碑）

⑦立朝正色，进思尽忠，举衡以处事，清身以厉时，高位不以为荣，在卑官不以为耻。（豫州从事尹宙碑）

⑧学事官曹，清身夙兴。（冀州从事郭君碑）

⑨入则腹心，出则爪牙，忠以卫上，清以自修，犯颜謇谔，造膝诡俼辞。（郎中郑固碑）

五为清静义：

⑩华殿清闲，肃雍显相。（白石神君碑）

六为清廉，清白。

⑪怀□□□□静有绩，迁颍川大守，修清涤俗，招拔隐逸，光大茅茹。（卫尉衡方碑）

⑫朝无秕政，直哉惟清。（博陵太守孔彪碑）

⑬亮矣清，寡匹伦。（北军中侯郭仲奇碑）

## 二、小结

（1）先秦形容词基本是单义词，而东汉碑刻单音形容词中虽然出现了一定数量的多义词，但单义词占单音形容词的89.49%，依然占绝对优势，而多义词仅占10.51%，说明东汉碑刻多义形容词还处在发展的初期。

（2）多义形容词的义项越多，其形容词的数量就越少，并且2个义项的形容词占绝对多数，3个义项以上的形容词就非常少了。义项最多的形容词也只有6个义项，但只有1个形容词“清”。

（3）从多义形容词意义形成的方式来看，多义形容词的意义基本上是以引申的方式形成的，以比喻的方式产生的多义形容词数量较少。

（4）从词义的历史发展来看，只有一部分属基本词汇的多义单音形容词的义项意义和现代汉语词的基本义、常用义相当，表现出较强的生命力。绝大部分词的词义发生了变异，有的虽保留在现代汉语词的词素义中，但意义也有了差异，有的已经完全消失。

# 第二章　东汉碑刻复音形容词结构特征研究

## 第一节　东汉碑刻的单纯形容词

据向熹统计，《诗经》共约28 000字，其中有连绵词98个①。据程湘清统计，《论语》共15 883字，其中只有1个单纯复音词。《孟子》共35 402字，有单纯复音词12个。《论衡》约21万字，有单纯复音词75个②。据李海霞统计，《楚辞》有连绵词116个③。据我们统计，东汉碑刻约10万字，共有单纯复音形容词124个，从音节上看包括叠音和非叠音两种形式。其中叠音单纯形容词83个，占单纯形容词的66.94%；非叠音单纯形容词41个，占单纯形容词的33.06%。

### 一、叠音单纯形容词

叠音单纯形容词，就语音形式上看，是由两个相同的音节重叠构成的；就其意义来说，其构成的两个音节字作为一个整体是不能分割开来解释的，两字相叠合成一个语素，整体上表达一个新的意义。故我们将其归入单纯词。对于这类词，程娟将其分属于单纯形容词和合成形容词里，把前者称作“叠音形容词”，把后者称作“重叠式形容词”（程娟，2004）；唐子恒将其统属于连绵词，称作“两字读音相同的连绵词”（唐子恒，2002）；向熹则沿用传统“小学”名称，即“重言词”（向熹，1993）。尽管目前学界对其分类归属还没有达成一致的意见，但由此也可以说明这类词在古汉语词汇体系中的重要地位。诚然，这类词在古代汉语里数量多且使用频率高，在形式和意义上都有其独特的特点，在语用上也有其独到的表现力。正如古人所言：“是以诗人感物，联类不穷，流连万象之机，沉吟视听之区。写气图貌，既随物以宛转；属采附声，亦与心而徘徊。故灼灼状桃花之鲜，依依尽杨柳之貌；杲杲为日出之容，瀌瀌拟雨雪之状；喈喈逐黄鸟之

---

① 向熹：《〈诗经〉中的复音词》，《语言学论丛》（第六辑），北京：商务印书馆1980年版。

② 程湘清：《〈论衡〉复音词研究》，《汉语史专书复音词研究》，北京：商务印书馆2003年版。

③ 李海霞：《〈诗经〉和〈楚辞〉连绵词比较》，《浙江大学学报（人文社会科学版）》1999年第3期。

声，喓喓学草虫之韵。”① 东汉碑刻共有叠音单纯形容词 83 个，其形式为 × × 式。下面从意义和历史发展等方面加以考察。

### （一）叠音单纯形容词的意义

1. 意义类型

东汉碑刻的叠音单纯形容词从词的整体意义上看主要有两类：一类是摹拟自然界和人类社会声响的拟声词，共 7 个，占整个叠音单纯形容词的 8.43%。如：

①六泷作难，湍濑潨潨，泫沄潺湲，虽《诗》称百川沸腾，高岸为谷，深谷为陵，盖莫若斯。（桂阳太守周憬功勋铭）

②其辞曰：泫泫淮源，圣禹所导。（桐柏淮源庙碑）

③岸参天兮无路徯，石纵横兮流洄洄，波隆隆兮声若雷。（桂阳太守周憬功勋铭）

④害我仁良，颠［缺］友殂，痛感路人，泣沾泥涂，逝而不返，子孙呱呱。（李翊夫人碑）

⑤呱呱竖子，号咷失声。（安平相孙根碑）

⑥嗟嗟酷痛，如何昊乾。（平舆令薛君碑）

⑦嗟嗟悲且伤，每食［缺］不绝。（费凤别碑）

⑧嗟嗟孟子，苗而弗毓。（郎中郑固碑）

⑨鹿呦呦兮□□庭，文乐乐兮□□□。（张公神碑）

⑩□□蜚兮朱鸟栖，□□荣兮鸣喈喈。（张公神碑）

上引例中“潨潨”、“泫泫”和“隆隆”摹写水流声，“呱呱”摹写啼哭声，“嗟嗟”摹写哀叹声，“呦呦”摹写鹿鸣声，“喈喈”摹写鸟叫声。

另一类是描写事物或人物形貌、状态和情感的摹态词，共 76 个，占整个叠音单纯形容词的 91.57%。如：

①蓁水謇皦汤汤扬清波，东流［缺］折［缺］于河。（张公神碑）

②洪泉浩浩，下民震惊。（嵩高山开母庙石阙铭）

③皓皓素质，因体为名。（白石神君碑）

④謇謇其直，皦皦其清。（太尉杨震碑）

⑤旨酒欣欣，燔炙芬芬。（白石神君碑）

⑥穰穰其庆，年谷丰殖。（桐柏淮源庙碑）

⑦亦世孳孳，职思其勋。（冀州从事郭君碑）

⑧过者栗栗，载乘为下。（析里桥郙阁颂）

---

① 刘勰：《文心雕龙·物色篇》。

⑨过者战战，以为大戚。(五都太守李翕天井道碑)

⑩其辞曰：峨峨我君，懿烈孔纯。(卫尉衡方碑)

⑪赞曰：巍巍大圣，赫赫弥章。(乙瑛碑)

⑫堂堂四俊，硕大婉敏。(先生郭辅碑)

上举例中“汤汤”和“浩浩”描写水流盛大的样子，“晧晧”、“皦皦”描写洁白、纯净的样子，“栗栗”、“战战”描写人害怕的心情，“峨峨”、“巍巍”和“堂堂”则描写人高大、威武的样子。

其他还有“挢挢”、“依依”、“冲冲”、“悗悗”、“孜孜”、“优优”等。

2. 词的意义与其构成音节字意义的关系

有两种表现：一是音节字本身另有意义，只有重叠后才表示整个叠音词的意义，音节字仅仅代表一个音节。除上述举例的拟声词外，其他如：

①抑抑珪质，光容有晖。(安平相孙根碑)

②朝中惟静，威仪抑抑。(西狭颂)

③其辞曰：岩岩西岳，峻极穹苍。(西岳华山庙碑)

④岩岩白石，峻极太清。(白石神君碑)

⑤位在角精，崖崖山岳。(蜀郡属国辛通达李仲曾造桥碑)

⑥乃作叙曰：翼翼圣慈，惠我犁蒸。(校官碑)

⑦咸以孝廉，公府茂选，贞亮皦白，翼翼瑛彦，配周之八，为国桢干。(北军中侯郭仲奇碑)

上述引例中的“抑抑”用来形容人的品质或仪容的美好，《诗·小雅·宾之初筵》：“抑，通作懿，当即懿之同声假借。”《经义述闻·诗·抑若扬兮》：“猗嗟篇：抑若扬兮。毛传曰：抑，美色。引之谨案：抑与懿古字通。尔雅：懿，美也。故以抑为美色。”据此可知，“抑抑”的“抑”与其“抑制、按压”义无关。“岩岩”形容高峻的样子，与“岩石”义无关。同样，“崖崖”、“翼翼”与其重叠前的意义完全不同。

二是音节字表义，重叠后与音节字的意义既有联系又有差异。如：

①其辞曰：肃肃我君，帝躬是翼。(中常侍樊安碑)

②初据百里，显显令闻，济康下民。(卫尉衡方碑)

③娥娥三妃，行追大姒。(先生郭辅碑)

④广祈多福，虔虔夙兴。(济阴太守孟郁修尧庙碑)

⑤乃作颂曰：俨俨明公，民所瞻兮。(三公山碑)

⑥冥冥六合，实公是光。(太尉杨震碑)

⑦乃刊斯石曰：赫赫明后，柔嘉惟则。(西狭颂)

例③“娥娥”即“峨峨”，高大的样子。以上例中“肃肃”、“显显”、“娥娥”、“虔虔”、“俨俨”、“冥冥”、“赫赫”等词的意义都是在其音节字意义的基础上增加了描绘的色彩，表达的感情程度有所加深，与音节字的意义有了差异，结构上具有不可分性，依然是单纯词。这种情况占绝大多数。

### （二）叠音单纯形容词的历史演变

从其历史来源看，东汉碑刻中的叠音单纯形容词绝大多数是从先秦、秦和西汉承继而来，如：

①臣寝息耿耿，情所思惟。（鲁相史晨奏祀孔子庙碑）

②亦世孳孳，职思其勋。（冀州从事郭君碑）

③赫赫熊君，迁基［缺］宇。（绥民校尉熊君碑）

④乡党逡逡，朝廷便便。（山阳太守祝睦后碑）

⑤君仕不为人，禄不为己，桓桓大度，体蹈箕首，当穷台緄，松侨协轨。（巴郡太守樊敏碑）

⑥于是遐迩士仁，祁祁来庭，集会如云，号哭发哀，泣涕泛滥。（金乡长侯成碑）

上述举例中的“耿耿”、“赫赫”、“祁祁”继承于《诗经》，“孳孳”和“桓桓”分别出自《礼记》和《尚书》，“逡逡”、“便便”则在《史记》中已见。

其他还有荡荡（稿长蔡湛颂）、皓皓（白石神君碑）、冥冥（太尉杨震碑）、优优（校官碑）、明明（冀州从事郭君碑）、戋戋（酸枣令刘熊碑）、漫漫（博陵太守孔彪碑）、济济（封丘令王元宾碑）、孜孜（酸枣令刘熊碑）、謇謇（太尉杨震碑）、营营（许阿瞿画像石左方墓志）、蔼蔼（中常侍樊安碑）、干干（巴郡太守张纳碑）、悠悠（防东尉司马季德碑）、穆穆（太尉杨震碑）、粲粲（北军中侯郭仲奇碑）、耽耽（司隶从事郭究碑）、恂恂（高阳令杨著碑）、洋洋（郭泰碑）、煌煌（樊毅修华岳碑）、绥绥（巴郡太守樊敏碑）、烝烝（冀州从事郭君碑）、悦悦（幽州书佐秦君石阙文）、旁旁（防东尉司马季德碑）、忻忻（平舆令薛君碑）、冲冲（蜀郡属国辛通达李仲曾造桥碑）、莘莘（娄寿碑）、战战（五都太守李翕天井道碑）、蓼蓼（平都侯相蒋君碑）、温温（太尉刘宽碑）、秩秩（鲜于璜碑）、奕奕（太尉刘宽碑）、昀昀（鲁峻碑）等33个。

东汉碑刻中也新产生了一批叠音单纯形容词，如：

①纷纷令仪，明府体之。（故益州太守北海相景君铭）

②感想孙君，乃发嘉训，兴祀立坛，勤勤爱敬。（楚相孙叔敖碑）

③乃作颂曰：俨俨明公，民所瞻兮。（三公山碑）

④依依旧宅，神之所安，春秋复礼，稽度玄灵，而无公出享献之庆。（史晨飨孔庙后碑）

⑤绰绰令人，获道之至。（先生郭辅碑）

⑥君中弟字文绪，位主薄、督邮，志行［缺］期，落落自有大节。（郎中马江碑）

⑦雍雍其和，民用悦服。（桐柏淮源庙碑）

⑧继姑入室，勤养拳拳。（李翊夫人碑）

⑨謇謇其直，皦皦其清。（太尉杨震碑）

⑩道［缺］丘阜，栈格陵陵。（蜀郡属国辛通达李仲曾造桥碑）

⑪行成于内，名播于外，再为计掾，光炎挢挢。（平都侯相蒋君碑）

⑫其辞曰：光光高君，命世作蕃。（外黄令高彪碑）

例①"纷纷"乃众多貌。例②"勤勤"为恳切至诚的意思。例③"俨俨"即庄严貌。例④"依依"乃依稀、隐约貌。例⑤"绰绰"乃舒缓貌。例⑥"落落"形容人的气质、襟怀。例⑦"雍雍"为和谐、和乐貌。例⑧"拳拳"为勤勉的意思。例⑨"皦皦"乃清白、光明磊落的意思。例⑩"陵陵"乃多貌。例⑪"挢挢"为出众貌。例⑫"光光"即显赫威武貌。

还有少数叠音单纯形容词增加了新的意义。如：

①芝草茂木，潇潇滋荣。（张公神碑）

②烈烈遗勋，景炎弥光。（幽州刺史朱龟碑）

③释之议为不可，苑令有公卿之才，啬夫喋喋小吏，非社覆之重。（汉故谷城长荡阴令张君表颂）

④懿懿其操，穆穆其姿。（绥民校尉熊君碑）

例①"潇潇"，先秦时形容风雨急骤的样子，本条例则形容草木生长繁盛。例②"烈烈"，先秦时指猛火炎炽貌，而本条例形容功业显赫。例③"喋喋"，西汉时用来形容唠叨、多言，而本条例乃平凡的意思。例④"懿懿"，先秦时用来形容花草的芳香，本条例则描写人的品质的醇美。

## 二、非叠音单纯形容词

这类词属于通常所说的"连绵词"。所谓连绵词就是单纯的复音词，即把两个音节合起来表达一事一物。正如王国维所说的，连绵词是"合二字而成一语，其实犹一字也"。连绵词又名连绵字、联绵字、连语、璉语、连字等，它们写法不同，或者叫法不同，其实都是指单纯复音词，即内容是相同的，只是形式不同而已。非叠音单纯形容词就是指由两个不同的音节连缀成义而不能分割的连绵形容词。东汉碑刻共有非叠音单纯形容词 41 个，根据其构成音节在语音上的联系可分成双声单纯形容词、叠韵单纯形容词、双声兼叠韵单纯形容词和非双声叠韵单纯形容词四种形式。

### （一）双声单纯形容词

东汉碑刻中有双声单纯形容词9个，占非叠音单纯形容词总数的21.95%。例如：

①奉见庙祠，崎岖逼狭。（桐柏淮源庙碑）

②涉秋霖漉，盆溢滔涌，涛波滂沛，激扬绝道。（析里桥郙阁颂）

③皇神仿佛，爰□□居。（郎中马江碑）

④世政促峻，邑宰寡识，慢贤役德，被以劳事，然后慷慨激愤，宦于王室，历中黄门，冗从假史，拜小黄门、小黄门右史，迁臧府令、中常侍。（中常侍樊安碑）

⑤磥落焕炳，临疑独逝，故能光明越闻，显于区夏，英声□□□□□公族。（幽州刺史朱龟碑）

⑥荣且溺之耦耕，甘山林之杳蔼，遁世无闷。（娄寿碑）

⑦台阁参差，大兴舆驾，上有云气与仙人，下有孝友贤仁。（山东嘉祥出土东汉永寿三年画像石题记）

⑧磥硌吐名，与天同耀。（封龙山颂）

例⑥的“杳蔼”乃冥暗义，即隐姓埋名。

### （二）叠韵单纯形容词

东汉碑刻中有叠韵单纯形容词23个，占非叠音单纯形容词总数的56.10%。如：

①夷粤拂攈，忮强难化，君奋威飏武，视以好恶，蛮貉振叠，稽颡师服。（汉成阳令唐扶颂）

②六泷作难，湍濑湲湲，泫沄潺湲，虽《诗》称百川沸腾，高岸为谷，深谷为陵，盖莫若斯。（桂阳太守周憬功勋铭）

③南阳弟司空公，在朝逶随，正色竭忠，为国讨暴。（汉成阳令唐扶颂）

④君臣流涕，道路琅玕。（汉成阳令唐扶颂）

⑤高山崔嵬兮，水流荡荡。（析里桥郙阁颂）

⑥乃命良吏，奖帅壮夫，排颓磐石，投之寥□，□高填下，凿截回曲，弱水之邪性，顺导其经脉，断硍溢之电波，弱阳侯之汹涌。（桂阳太守周憬功勋铭）

⑦由是世之好道者，触类而长之，以老子离合于混沌之气，与三光为终始。（老子铭）

⑧加以好成方类，推贤达善，逡遁退让，当世以此服之。（郎中郑固碑）

⑨仰王禽兮又崕嶬，俯泷渊兮怛以悲。（桂阳太守周憬功勋铭）

其他如：盘桓（巴郡太守张纳碑）、屏营（平舆令薛君碑）、扶疏（酸枣令刘熊碑）、委随（酸枣令刘熊碑）、磪嵬（西狭颂）、窈窕（四川郫县东汉墓门石刻）、消摇（嵩高山开母庙石阙铭）、雍容（樊毅修华岳碑）、委虵（山东嘉祥出土东汉永寿三年画像石题记）、委蛇（成皋令任伯嗣碑）、祎隋（卫尉衡方碑）、逶迤（童子逢盛碑）等。

### （三）双声兼叠韵单纯形容词

东汉碑刻中双声兼叠韵单纯形容词仅 1 例，占非叠音单纯形容词总数的 2.44%。即：

其次适鬲侯朱氏，其次适阳泉侯刘氏，朱紫缤纷，宠禄盈门，皆犹夫人。（贾武仲妻马姜墓记）

### （四）非双声叠韵单纯形容词

东汉碑刻中有非双声叠韵单纯形容词 8 个，占非叠音单纯形容词总数的 19.51%。如：

①栗萧什兮蘖铺陈，新美萌兮香苾芬。（张公神碑）

②润施源流，鸿漾沛宣。（嵩山泰室神道石阙铭）

③阙嵯峨，望华山。（曹全碑）

## 三、小结

从以上考察中，我们可以看出东汉碑刻单纯复音形容词表现出如下几个特点：

（1）东汉碑刻文献约 10 万字，共有单纯复音形容词 124 个。东汉碑刻较多使用单纯复音形容词，是与碑刻文体分不开的。碑文多散文，又有一定的口语性，行文工整，句式上多用四字句，讲求骈偶对称，句式比较整齐，而口语性很强的单纯叠音词、连绵词在语音上重叠、连绵，读起来朗朗上口，给人听觉上带来美感；同时含义朦胧，适合于描绘事物的声音和状貌。其音义兼长、富于表现力的特点正适合碑刻语体表达上的需要。

（2）东汉碑刻单纯复音形容词中，叠音单纯形容词占了绝大多数，其中又以摹态叠音形容词为主。非叠音单纯形容词主要是叠韵单纯形容词，双声和非双声叠韵单纯形容词仅占少数，而双声兼叠韵单纯形容词仅见 1 例。

（3）从历史发展来看，东汉碑刻单纯复音形容词绝大多数是从先秦、秦和西汉承继而来，但与前代相比，也有了新的发展变化，尤为突出的是新产生了为数不少的叠音单纯形容词，少数叠音单纯形容词增加了新的意义。

（4）东汉碑刻非叠音单纯形容词有的具有多种书写形式并存在同素异序现象。构成非叠音单纯形容词的两个字只用于表音，词义与词形并无关系，凡表音相同的字都可以通用，因此其书写形式很不固定，有的有好几种写法。如“盘桓”与“般桓”，“磦硌”、“礧落”与“磦落”，“委随”、“委虵”、“委蛇”、“祎隋”与“逶迤”等。这说明构成连绵词的两个字只用于表音，词义与词形并无关系，虽然写法不同，但它们的意义是基本相同的。从字序来看，非叠音单纯形容词还存在同素异序现象，但用例极少，仅有“崎岖”与“岖崎”。

## 第二节　东汉碑刻的合成形容词

合成形容词指由两个语素构成的形容词。东汉碑刻共有合成形容词 711 个，根据构成语素之间的结构关系，可以分为复合式、附加式和重叠式。

### 一、复合式复音形容词

复合式复音形容词指由两个不同的词根组合而成的形容词。根据组成语素间的结构方式不同，东汉碑刻中的复合式复音形容词共有联合式、偏正式、主谓式、动宾式和补充式五种类型。东汉碑刻有复合式复音形容词 630 个，占合成形容词总数的 88.61%。下面就复合式复音形容词构成特点进行分析。

#### （一）联合式复音形容词

由两个语素并列组合形成。东汉碑刻联合式复音形容词有 578 个，占复合式复音形容词总数的 91.75%。对于其构成特点的分析，我们采用目前学界通常所采用的专书复音词的描述模式，即主要从语义构成和词性构成两方面进行描写，以揭示语素入词所发生的语义变化和词性变化。

1. 语义构成

从两个语素意义之间的关系看，可分为意义相同联合、意义相关联合、意义相反联合三种。

（1）意义相同联合。指两个语素的基本义相同，其附属意义存在一定的差别。东汉碑刻中共有此类形容词 252 个，占联合式复音形容词的 43.60%。如：

①商周假藐，历世圹远，不陨其美。（敦煌长史武斑碑）

②于是故廷尉仲定深惟大汉隆盛，德彼四表，大平未至，灵瑞未下，四夷数侵，军甲数扰。（成阳灵台碑）

③民殷和睦，朝无顾忧。（鲜于璜碑）

④景命不永，早即幽昏。（豫州从事尹宙碑）

⑤一岁四祠，养牲百日，常当充肥，用谷稿千余斛。（上言复华下民租田口算状）

⑥奉见庙祠，崎岖逼狭。（桐柏淮源庙碑）

⑦躬清洁以革秽，班五礼以齐众。（稿长蔡湛颂）

⑧减西□□高阁，就安宁之石道。（析里桥郙阁颂）

⑨延熹五年七月迁来临县，正身帅下，赏恭罚否，存恤寒苦，□□□右，官朝寂静，奸轨检手。（成皋令任伯嗣碑）

⑩增峻峭兮甚岖崎，鲧莫涉兮，禹不规。（桂阳太守周憬功勋铭）

⑪图圄空虚，路靡怨□。（平都侯相蒋君碑）

⑫饮清泉兮□□□，见［缺］伏兮不骇惊。（张公神碑）

⑬世虽短兮名悠长，位虽少兮功悠扬。（冀州从事张表碑）

⑭本枝繁昌，延庆长久。（樊毅修华岳碑）

⑮君清节俭约，厉风子孙，固穷守陋，不□□□，堂无文丽，墓无碑识。（孝廉柳敏碑）

⑯天命有终，不可复追，憔悴形伤，去留有分。（山东嘉祥出土东汉永寿三年画像石题记）

⑰姿履□□□穆之操，爱敬以事生，哀戚以送终。（郎中王政碑）

⑱百姓行人，欢悦歌咏，邮亭掾尹厚□□臣有述君之义，故勒此石，以示后贤。（汉安长陈君阁道碑）

⑲去年鲜卑连犯鄣塞，［下缺］过掩卒捣击，无距捍［下缺］率摄太守以下进退［下缺］鲁不表罪诛多拥［下缺］丽王宫，慓轻狡猾。（赐豫州刺史冯焕昭）

其他如：众多（无极山碑）、富殷（三公山碑）、刚毅（北军中侯郭仲奇碑）、荣华（楚相孙叔敖碑）、清凉（成阳灵台碑）、混乱（益州太守高联修周公礼殿记）、洁静（李翊夫人碑）、艰苦（慎令刘修碑）、欢乐（梁相孔耽神祠碑）、欣悦（梁相孔耽神祠碑）、繁茂（冀州刺史王纯碑）、恻怛（太尉刘宽碑）、硕大（先生郭辅碑）、希罕（祀三公山碑）、危险（广汉长王君治石路碑）、痛伤（武氏石阙铭）、戚哀（汉故执金吾丞武荣碑）、窄狭（樊毅修华岳碑）、辽远（史晨飨孔庙后碑）、广大（西狭颂）、危殆（析里桥郙阁颂）、隆崇（西狭颂）、清寂（老子铭）、繁昌（樊毅修华岳碑）、屈曲（司隶校尉杨孟文石门颂）、恬淡（三公山碑）、俭节（竹邑侯相张寿碑）、恻怆（安平相孙根碑）、殊特（郎中郑固碑）、欣欢（济阴太守孟郁修尧庙碑）、悲哀（严䜣碑）、聪明（议郎元宾碑）、欢喜（费凤别碑）等。

（2）意义相关联合。指构成复合词的两个语素虽不同义，但有部分语素义相同。复合词的意义相对于语素义而言，有的产生新的意义，有的表达更加概括的意义。东汉碑刻中共有此类形容词 255 个，占联合式复音形容词的 44.12%。如：

①耕殖狭少，[缺] 修产业，夫妇勤苦，积入成家。（金广延母徐氏纪产碑）

②黎庶攸宁，黔首欢康。（汉成阳令唐扶颂）

③公房乃先归于谷口，呼其师，告以厄急。（仙人唐公房碑）

④山高听下，恐近庙小民不堪役赋，有饥寒之窘，违宗神之敬。（上言复华下民租田口算状）

⑤进则贞直，退则错枉，崇举济济，吉士充朝。（桂阳太守周憬功勋铭）

⑥其后强大，遂有齐土。（太尉陈球碑）

⑦不能阐弘德政，恢崇壹变，夙夜忧怖，累息屏营。（鲁相史晨奏祀孔子庙碑）

⑧百姓安乐，不劳不烦。（汉安长陈君阁道碑）

⑨念君之仁恩，闻君之陨隧，剥断而辛酸，复截缞麻杖，[缺] 君之柩棺，扶号而竭 [缺]，泣涕其□□。（堂邑令费凤碑）

⑩恬静湛泊，匪偟时荣。（冀州从事张表碑）

⑪奋威外捆，属城震栗。（孝廉柳敏碑）

⑫永寿三年十二月戊寅朔二十六日癸巳，惟许卒史安国礼性方直，廉言敦笃，慈仁多恩，注所不可。（山东嘉祥出土东汉永寿三年画像石题记）

⑬斯道狭阻，有坂危峻。（五都太守李翕天井道碑）

⑭既敦文武，为政果达，临化宜惠，所去遗绩。（绥民校尉熊君碑）

其他如：夷易（桂阳太守周憬功勋铭）、平直（南安长王君子乡道碑）、敬让（故益州太守北海相景君铭）、恭肃（司隶从事郭究碑）、愚戆（无极山碑）、危难（成皋令任伯嗣碑）、富贵（先生郭辅碑）、廉勇（楚相孙叔敖碑）、衰贱（殽坑君神祠碑）、敞平（张公神碑）、廉恕（博陵太守孔彪碑）、恭俭（泰山都尉孔宙碑）、贞孝（楚相孙叔敖碑）、硕茂（桐柏淮源庙碑）、清妙（郎中马江碑）、虔恪（平都侯相蒋君碑）、纯和（太尉刘宽碑）等等。

（3）意义相反联合。指由两个相反或相对的语素构成的复合形容词，王力称这种词为“对立语”，认为它们“本来是意义相反的两个词，后来人们利用它们来表示一个单独的意义，就等于把两个词合成一个词看待了”[①]。这类词在东汉碑刻中有 71 个，占联合式复音形容词的 12.28%。在整个联合式形容词中所占的比例最小。

① 王力：《汉语语法纲要》，上海：上海教育出版社 1982 年版，第 67 页。

①赏罚分审，白黑著明。（汉成阳令唐扶颂）

②序曰：明哉仁知，豫识难易。（司隶校尉杨孟文石门颂）

③原度天道，安危所归。（司隶校尉杨孟文石门颂）

④复帅群宗，贫富相均。（成阳灵台碑）

⑤［缺］惟古圣，孔尼丧鲤，赢缩有命，不可增损。（安平相孙根碑）

其他如：险夷（桂阳太守周憬功勋铭）、刚柔（沛相杨统碑）、宽猛（平都侯相蒋君碑）、短长（北军中侯郭仲奇碑）、悠短（童子逢盛碑）、洪纤（丹阳太守郭旻碑）、优劣（豫州从事尹宙碑）、尊卑（西岳华山亭碑）、清浊（樊毅修华岳碑）等。

2. 词性构成

从东汉碑刻联合式复合形容词的词性与其组成语素的词性的关系来看，基本上为相同构成，即为［形·形］式。如：清闲（白石神君碑）、郁茂（张公神碑）、和睦（鲜于璜碑）、简易（太尉刘宽碑）、明敏（西狭颂）、平直（南安长王君子乡道碑）、微弱（孙叔敖碑阴）、富贵（先生郭辅碑）、美好（楚相孙叔敖碑）、洁静（李翊夫人碑）、硕大（先生郭辅碑）、忧怖（鲁相史晨奏祀孔子庙碑）、坚固（西狭颂）、衰微（巴郡太守樊敏碑）、惨痛（郎中马江碑）、悲哀（严䜣碑）、欢喜（费凤别碑）、严庄（司隶从事郭究碑）、长久（樊毅修华岳碑）、安稳（鄐君开褒斜道摩崖刻石）、欢悦（汉安长陈君阁道碑）、哀戚（平都侯相蒋君碑）等。也有极少几个为相异构成，即：

①鱼岌岌兮踊跃见，振鳞尾兮游旰旰。（张公神碑）

②黄巾初起，烧平城市，斯县独全，子贱孔蔑，其道区别。（汉故谷城长荡阴令张君表颂）

例①“踊跃”形容争先恐后。例②“区别”指“差别、不同”的意思，其意义和用法均不同于现代汉语。

## （二）偏正式复音形容词

构成偏正式复音形容词的两个语素呈不平等关系，即修饰和被修饰的关系。东汉碑刻有偏正式复音形容词 40 个，占复合式复音形容词总数的 6.35%。下面我们讨论其语义构成和词性构成。

1. 语义构成

从语义上看，偏正式复音形容词的前一个偏语素修饰、限制后一个正语素。偏语素表修饰、限制的具体意义情况如下：

（1）表程度。共 25 个。如：

①卜云其吉，终然允臧。（白石神君碑）

②惟永寿元年春正月，有汉东海相南阳桓君［下缺］念四时享祀有常，每饰壶切，旋则陁崩，矜闵吏［下缺］费者不永宁。（东海庙碑）

③臣以神岳至尊，宜加恭肃，辄遣行事荀斑与华阴令先说以渐缮治。（上言复华下民租田口算状）

④穆穆圣苍［下阙］老名，永久弥光。（仓颉庙碑）

⑤畏天之威，逢斯瘴怒。（西岳华山亭碑）

其他如：弘亮（绥民校尉熊君碑）、罄殚（竹邑侯相张寿碑）、玄妙（敦煌长史武斑碑）、孔昭（泰山都尉孔宙碑）、弘雅（北军中侯郭仲奇碑）、弥久（广汉长王君治石路碑）、孔武（校官碑）、至孝（鲜于璜碑）、醇嘏（泰山都尉孔宙碑）、玄秀（博陵太守孔彪碑）、大和（沛相杨统碑）、大戾（童子逢盛碑）、致诚（西岳华山亭碑）、孔明（西岳华山亭碑）、绝美（封丘令王元宾碑）、牟盛（司隶校尉杨淮碑）、大丰（祀三公山碑）、大戚（五都太守李翕天井道碑）等。

（2）表性质状态。共6个。如：

①秉此小心，以亮皇职。（中常侍樊安碑）

②遭汉中微，失其爵土。（太尉刘宽碑）

③贪究革情，清修劝慕，德惠潜流，鬯芳旁布。（酸枣令刘熊碑）

④谓君为哲，在昔宁武，当亨南山难老之祷。（小黄门谯敏碑）

⑤卜择元日，齐革精诚。（成阳灵台碑）

⑥［缺］蕃虞郭在河魏之间，遭晋荒强，乃丧厥土。（冀州从事郭君碑）

（3）表否定。共9个。如：

①禀命不融，享年四十有二，以建宁二年正月乙亥卒。（郭泰碑）

②终始不贰，弥弥盖固。（从事武梁碑）

③草木畅茂，巨仞不数。（三公山碑）

④圣人不世，期五百载。（鲁相韩敕造孔庙礼器碑）

⑤珪璧之质，临卒不回。（故益州太守北海相景君铭）

例①“不融”指不长久。例②“不贰”形容专一，无二心。例③“不数”意即数不清、无数。例④“不世”乃非一世所能有、罕有的意思。例⑤“不回”即正直、不行邪僻。

其他：不肖（孙叔敖碑阴）、不平（李翊夫人碑）、不幸（曹全碑）、不将（冀州从事张表碑）等。

2. 词性构成

（1）［形·形］式。共15个。如：

①元弟功德牟盛，当究三事，不幸早陨。（司隶校尉杨淮碑）

②立朝正色，恪勤竭忠，无德不旌，靡恶不形，将训品物，以济大清。（太

尉杨震碑）

③报如景响，国界大丰，谷斗三钱。（祀三公山碑）

④过者战战，以为大戚。（五都太守李翕天井道碑）

⑤故桂阳阴山豫章［缺］长重安侯相杜晖字慈明，体质弘亮，敦仁好道，治《易梁丘》、《春秋公羊氏》，综览百家，无所不甄。（绥民校尉熊君碑）

⑥君幼有岐嶷天然之资，长有明肃弘雅之操，刚毅多略，有山甫之纵，沈懿敦笃，为万夫之望。（北军中侯郭仲奇碑）

（2）［副·形］式。共20个。如：

①册曰：顷者连遇运害，灾条备至，阴阳不和，寒暑不节。（国三老袁良碑）

②西岳至尊，诏书奉祠。（西岳华山亭碑）

③穆穆圣苍［下缺］老名，永久弥光。（仓颉庙碑）

④待事杨□□□守古荷贼曹掾杜仁，至孝殷勤，虽不□□□□出，神祇佑助，桥遂考［缺］，萌兆赖祉。（蜀郡属国辛通达李仲曾造桥碑）

⑤除未到，不幸短命，丧身为［下缺］祀则祀之，王制之礼也。（闻喜长韩仁碑）

（3）［副·数］式、［形·名］式、［副·名］式、［副·动］式、［名·形］式。例：

①终始不贰，弥弥盖固。（从事武梁碑）

②氏族不一，各任所安。（汉成阳令唐扶颂）

③明允笃诚，小心祗翼。（封丘令王元宾碑）

④委蛆公门，謇謇匪躬。（冀州从事张表碑）

⑤光以不肖，贪追贤烈，以自荣宠。（孙叔敖碑阴）

⑥遭汉中微，失其爵土。（太尉刘宽碑）

### （三）主谓式复音形容词

主谓式复音形容词的两个语素之间是陈述和被陈述的关系，又称为表述式、陈述式。东汉碑刻共有主谓式复音形容词 4 个，占复合式复音形容词总数的 0.63%。其结构类型有［名·形］式 2 个，［代·动］式和［名·动］式各 1 个。如：

①临危枪砀，履尾心寒。（司隶校尉杨孟文石门颂）

②百姓心欢，官不失实。（校官碑）

③幼体兰石自然之姿，长膺清妙孝友之行，祖述家业，修《春秋经》，升堂讲诵，深究圣指。（孔谦碑）

④念意自然，刻石铭碑，千载表绩，万古标记，福佑期思。（楚相孙叔敖碑）

⑤君幼有岐嶷天然之资，长有明肃弘雅之操，刚毅多略，有山甫之纵，沈懿敦笃，为万夫之望。（北军中侯郭仲奇碑）

### （四）动宾式复音形容词

动宾式复音形容词的两个构成语素是支配和被支配的关系，东汉碑刻中动宾式复音形容词共5个，占复合式复音形容词总数的0.79%。从其结构类型来看，可分为［动·形］式、［动·名］式、［副·形］式、［副·量］式四类。如：

①会杨贼畔于［下缺］拜中郎将，料敌制胜，威谋合神，持重优于营平，深入则轻冠军，附士渥于李广，御众［下缺］同滋味必达井辨幕，然后饮舍。（荆州刺史度尚碑）

②非礼之常，壹不得当。（山阳太守祝睦后碑）

③肝礶意悲，感切伤心，瞻彼碑诔，怀之好音。（费凤别碑）

④功夫九百余日，成就通达，永传亿岁无穷记。（广汉长王君治石路碑）

⑤圣上贪昵，征拜议郎，御□□□□坐无双。（安平相孙根碑）

### （五）补充式复音形容词

补充式复音形容词的后一个语素补充说明前一个语素，其两个构成语素之间的关系是补充和被补充的关系。东汉碑刻共有补充式复音形容词3个，占复合式复音形容词总数的0.48%。如：

①万里同风，艾用照明。（鲜于璜碑）

②诞生照明，岐嶷踰绝。（酸枣令刘熊碑）

③生于季末，仕于灵王，立溷浊而澄清，处幽昏而照明，其遗武余典，恨不与戏皇帝代同世。（楚相孙叔敖碑）

④会直扰乱，曲虑匡救，济民涂炭。（益州太守高眹修周公礼殿记）

⑤年十八娶妇徐氏，弱冠仕［下缺］终殁，五内催碎。（金广延母徐氏纪产碑）

例④“扰乱”乃“混乱”的意思。

## 二、附加式复音形容词

附加式复音形容词是由一个词根语素加上附加成分构成。东汉碑刻有附加式复音形容词66个，占合成形容词总数的9.28%。

### （一）前附式复音形容词

附加前缀有“于”、“可”、“其”3个。如：

①于赫大圣，亦孔祯纯。（帝尧碑）
②于赫庆都，德弥大兮。（成阳灵台碑）
③其辞曰：于穆使君，盛德昭明。（小黄门谯敏碑）
④其辞曰：于显我君，懿德惟光。（泰山都尉孔宙碑）
⑤严庄可恐，柔顺可爱。（司隶从事郭究碑）
⑥痛哉可哀，许阿瞿□。（许阿瞿画像石左方墓志）
⑦謇謇其直，皦皦其清。（太尉杨震碑）
⑧肃肃其敬，灵祇降福。（桐柏淮源庙碑）
⑨雍雍其和，民用悦服。（桐柏淮源庙碑）

**（二）后附式复音形容词**

附加后缀有“然”、“尔”、“如”、“乎”、“焉”5个。其中“然”构成的派生词数量最多，计有29个。如：

①君虽诎而就之，以顺时政，非其好也，乃翻然轻举。（沛相杨统碑）
②□□逝将，节行邈然。（外黄令高彪碑）
③遭从兄沛相忧，笃义忘宠，飘然轻举。（高阳令杨著碑）
④皓然历载，莫知其情。（老子铭）
⑤德化流行，盗贼［缺］少，五谷丰茂，百姓晏然，各得其所。（汉安长陈君阁道碑）
⑥招工募石，辉然俱至，各进琦巧，不日成之。（济阴太守孟郁修尧庙碑）
⑦或解高格，下就平易，行者欣然焉。（司隶校尉杨孟文石门颂）
⑧诏书九月三往大祠，诸所造作，焕然成就，仲尼宗家并受福赐。（济阴太守孟郁修尧庙碑）
⑨尊者俨然，从者肃侍，煌煌濡濡，其色若备。（山东嘉祥出土东汉永寿三年画像石题记）

其他如：榷然（鲁峻碑）、慨然（娄寿碑）、佥然（汉故谷城长荡阴令张君表颂）、确然（竹邑侯相张寿碑）、衎然（国三老袁良碑）、勃然（酸枣令刘熊碑）、愤然（孝廉柳敏碑）、渊然（山阳太守祝睦后碑）、介然（山阳太守祝睦后碑）、分然（金乡长侯成碑）、翕然（司隶从事郭究碑）、皦然（荆州从事苑镇碑）、霰然（司空孔扶碑）、肃然（冀州从事郭君碑）、哨然（巴郡太守张纳碑）、赫然（汉故执金吾丞武荣碑）、斐然（外黄令高彪碑）、藐然（汉故执金吾丞武荣碑）、章然（费亭侯曹腾碑阴）、温然（娄寿碑）等。

其他后缀构成的派生词有“尔”7个、“乎”8个、“如”2个、“焉”2个、“斯”1个。如：

①含弘内光，颐和皓尔。（张寿碑）

②蠢尔夷貉，荡我边氓。（幽州刺史朱龟碑）

③□□穆矣，卓尔超伦。（巴郡太守张纳碑）

④郡将嘉其所履，前后聘召，盖不得已，乃翻尔束带，玄论穷理，直道事人，仁必有勇，可以托六。（博陵太守孔彪碑）

⑤闻兄疾病，率尔逝将。（北军中侯郭仲奇碑）

⑥清洁皦尔，泥而不滓。（费凤别碑）

⑦哀哀士俊，恻尔酸辛。（平舆令薛君碑）

⑧夫其器量弘深，姿度广大，浩浩焉，汪汪焉，奥乎不可测已。（郭泰碑）

⑨懿乎其纯，确乎其操。（郭泰碑）

⑩渊乎其长，涣乎成功。（酸枣令刘熊碑）

⑪施舍弗卷，求善不厌，举不失选，官不易方，百工惟时，［下缺］有优洋洋奂乎若德，光耀冠乎诸牧。（凉州刺史魏元丕碑）

⑫乐天知命，榷乎其不可拔也。（娄寿碑）

⑬升州入宰，炳乎其勋。（平舆令薛君碑）

⑭如［缺］如海，澹如不盈。（汉成阳令唐扶颂）

⑮□是凡我困蒙洒埽之［下缺］廓□虚愍将□稚，泣涕涟如。（太尉陈球后碑）

⑯念彼恭人，惄焉永伤。（沛相杨统碑）

⑰君少履天姿自然之正，帅礼不爽，好恶不愆，孝衷度衷，修身践言，龙德而学，不至于谷，浮游尘埃之外，皭焉汜而不俗。（博陵太守孔彪碑）

⑱赫斯发，威若神。（北军中侯郭仲奇碑）

## 三、重叠式复音形容词

东汉碑刻重叠式复合形容词主要有ABB式和AABB式两种形式，共15个，占合成形容词总数的2.10%。其中ABB式2个，AABB式13个。

### （一）ABB式重叠形容词

东汉碑刻ABB式重叠形容词数量不多，仅见2例。即：

①明暴视兮俨卬卬，夫人［缺］女兮列在旁。（张公神碑）

②魂魄孤兮独茕茕，陈衿祠兮返所生。（李翊夫人碑）

例①中的“俨卬卬”乃孤零貌，例②中的“独茕茕”乃轩昂貌。2例中的A语素均为形容词性的词素。这两个重叠词都从先秦继承而来。

### （二）AABB 式重叠形容词

AABB 式重叠形容词是形容词最重要的重叠形式之一，早在商周时期就已经出现。管燮初（1981）在《西周金文语法研究》中提到有 5 个 AABB 式词语，且全都是拟声词；曹先擢（1980）说《诗经》中的 AABB 式形容词语有 21 例；伍宗文（2001）在《尚书》、《庄子》、《荀子》、《孙子》、《韩非子》、《战国策》、《楚辞》、《吕氏春秋》等先秦作品中找到形容词性的 AABB 式词语共计 38 例。东汉碑刻中共有这样的形容词 13 个。从其内部结构来看，不是由 AB 重叠而成的 ABAB，而是全部为双式四字叠，即由单音形容词 A 重叠成 AA，由单音形容词 B 重叠成 BB，再由 AA + BB 构成 AABB，或者直接由叠音 AA 和叠音 BB 构成 AABB。如：

①子孙承绪，履仁好义，耽乐道术，教授经业，雍徒带众，滋滋汲汲，诲人不倦，海内称之曰儒术之宗。（济阴太守孟郁修尧庙碑）

②巍巍荡荡，与乾比崇。（鲁相史晨奏祀孔子庙碑）

③其事上也，贞固密慎，矜矜战战，作主股肱，助国视听，外职不诬，内言不泄，为近臣楷模。（中常侍樊安碑）

④兢兢业业，素丝羔羊。（卫尉衡方碑）

⑤玄图灵像，穆穆皇皇。（白石神君碑）

⑥朝益莫习，衎衎訚訚，尼父授鲁，曷以复加。（汉成阳令唐扶颂）

⑦訚訚侃侃，颙颙昂昂。（卫尉衡方碑）

⑧颙颙昂昂，临朝有光。（平都侯相蒋君碑）

⑨謇謇衎衎，忠信可结。（北军中侯郭仲奇碑）

⑩桓桓烈烈，刚不可折。（安平相孙根碑）

⑪烝烝栗栗，可移于官。（鲜于璜碑）

⑫尊者俨然，从者肃侍，煌煌濡濡，其色若备。（山东嘉祥出土东汉永寿三年画像石题记）

## 四、小结

（1）跟先秦相比，东汉碑刻复音形容词的结构方式渐趋多样化。东汉碑刻共有复合式复音形容词 630 个，其中有联合式复音形容词 578 个，偏正式复音形容词 40 个，主谓式复音形容词 4 个，动宾式复音形容词 5 个，补充式复音形容词 3 个。《楚辞》有复合式复音形容词 185 个，其中联合式结构 177 个，偏正式结构 8 个，没有主谓式、动宾式和补充式[①]；《左传》中的复合式复音形容词全

---

① 麻昌贵：《〈楚辞〉中形容词特点论略》，《贵州民族学院学报（哲学社会科学版）》2004 年第 1 期。

部为联合式①；《庄子》中的复合式复音形容词，有联合式141个，偏正式6个，动宾式6个，没有主谓式和补充式②；而赵克勤则说主谓式和补充式合成词在先秦"至少可以说非常罕见"③。跟先秦比较，东汉碑刻复合式复音形容词的结构形式虽然依然和先秦一样，以联合式占据绝对主导地位，这也和吕云生先生对先秦七部典籍的统计结果相一致，他说至迟到战国后期，并列复合词的数量已跃居各类复音词之首，到东汉时比其他复合词的全部总和还多④。但东汉碑刻还出现了先秦所没有或罕有的主谓式和补充式。可见，复合式复音形容词在东汉碑刻中得到了一定程度的发展和变化，其结构样式渐趋多样化。为清晰地显示东汉碑刻复合式形容词同先秦相比的变化情况，特表示如下：

| 书名 \ 数目 \ 类型 | | 联合式 | 偏正式 | 主谓式 | 动宾式 | 补充式 | 合计 |
|---|---|---|---|---|---|---|---|
| 楚辞 | 词数 | 177 | 8 | 0 | 0 | 0 | 185 |
| | 占全书复合式形容词百分比 | 95.68% | 4.32% | | | | |
| 左传 | 词数 | 50 | 0 | 0 | 0 | 0 | 50 |
| | 占全书复合式形容词百分比 | 100% | | | | | |
| 庄子 | 词数 | 141 | 6 | 0 | 6 | 0 | 153 |
| | 占全书复合式形容词百分比 | 92.16% | 3.92% | | 3.92% | | |
| 东汉碑刻 | 词数 | 578 | 40 | 4 | 5 | 3 | 630 |
| | 占全书复合式形容词百分比 | 91.74% | 6.35% | 0.64% | 0.79% | 0.48% | |

（2）联合式成为东汉碑刻复合式复音形容词的强势结构。尽管东汉碑刻复

① 陈克炯：《〈左传〉形容词简析》，《华中师范学院学报（社科版）》1979年第4期。
② 麻昌贵：《〈楚辞〉中形容词特点论略》，《贵州民族学院学报（哲学社会科学版）》2004年第1期。
③ 赵克勤：《古代汉语词汇学》，北京：商务印书馆1994年版，第30页。
④ 吕云生：《论汉语并列复合词形成的条件与原因》，《古汉语研究》1990年第4期。

合式复音形容词已经具备了复合式合成词的五种基本形式，但其构词数量极不平衡，联合式成为最能产的构词方式，在数量上占绝对多数。其次为偏正式，但数量也不多。至于主谓式、动宾式和补充式复合形容词虽然已经出现，但用例极少，可见其仅处于萌芽状态。

（3）联合式复音形容词的两个构词语素之间的意义关系基本上为同义联合和相关联合。这说明简单组合是东汉碑刻联合式复音形容词衍生的主要途径。

联合式复音形容词的词性与其构词语素之间的关系也比较单一，即基本上为“形＋形→形”的相同构成模式，但也出现了少数几个相异构成的用例，这也从一个方面说明东汉碑刻联合式复音形容词正悄然发生着变化，其构词语素的意义可以经组合后出现变动，这样更有利于新词的衍生。

（4）先秦汉语中形容词词缀的形式与数量，王力认为可以肯定的形容词或副词词尾是“如”、“若”、“然”、“尔”、“而”等几个①；向熹《〈诗经〉语言研究》中显示的形容词词头为“有”，词尾为“若”、“而”、“言”、“然”、“焉”等②；赵金铭《〈诗经〉中的形容词研究》一文中罗列的前缀有“有”、“其”、“思”、“斯”，后缀有“斯”、“彼”、“如”、“而”、“若”等③。

东汉碑刻中的附加式复音形容词，以后附式为主。附加前缀有“于”、“可”、“其”3个，其中前缀“可”是东汉新生词缀，其他都是从先秦继承而来的。附加后缀有“然”、“尔”、“如”、“乎”、“焉”5个。后缀“然”的活跃度最高，其构成的附加式形容词最多。

（5）形容词重叠是汉语的一个重要的语法现象，具有丰富的表义作用和语法功能，这种形式早在先秦时就已经产生，其中ABB式和AABB式两种主要形式也被东汉碑刻承继了下来，但是数量不多，特别是ABB式仅见2例，而AABB式重叠形容词数量比ABB式的形容词虽稍多一点，但其内部结构比较简单，全部为双式四字叠，这说明这两种形式的形容词在当时还处于发展初期。

---

① 王力：《汉语史稿》，北京：中华书局1980年版。

② 向熹：《〈诗经〉语言研究》，成都：四川人民出版社1987年版。

③ 赵金铭：《〈诗经〉中的形容词研究》，程湘清：《先秦汉语研究》，济南：山东教育出版社1982年版。

# 第三章　东汉碑刻复音形容词的同素异序词

同素异序词是古代汉语中产生较早的一种特殊而又重要的词汇现象，远在我国最早的诗歌总集《诗经》中就已经出现，如《诗·国风·周南·桃夭》“桃之夭夭，灼灼其华；之子于归，宜其室家；桃之夭夭，有蕡其实；之子于归，宜其家室”中的“室家”和“家室”。很多专家学者对此非常重视，自郑奠先生于1964年发表了《古汉语中字序对换的双音词》一文至今，已有许多学者从不同角度、不同时段、不同语体材料等诸多方面论及这种语言现象。如韩陈其的《〈史记〉中字序对换的双音词》(《中国语文》1983年第3期)，何金松的《字序可以互换的双音虚词》[《华中师范大学学报（人文社会科学版)》1982年第3期]，张永绵的《近代汉语中字序对换的双音词》（《中国语文》1980年第3期)，曹廷玉的《近代汉语同素逆序同义词探析》[《暨南学报（哲学社会科学版)》2000年第5期]，王森、王毅的《〈金瓶梅词话〉中字序对换的双音词》[《兰州大学学报（社会科学版)》2000年第6期] 等。同素异序词指构成这些词的语素相同，但顺序可以前后颠倒，或称之为“字序对换的双音词”、“同素异序同义词”、“同素逆序词”等。东汉碑刻就出现了相当数量的同素异序词，共178个，而其中同素异序复音形容词约75个，占42.13%。东汉碑刻拥有如此众多的同素异序复音形容词，是东汉碑刻复音形容词的一个鲜明特点，也从一个方面给我们昭示了汉语词汇复音化的情况。下面我们从共时和历时相结合的角度对东汉碑刻中的同素异序复音形容词进行考察和分析。

## 一、东汉碑刻同素异序复音形容词的类型

东汉碑刻同素异序复音形容词有两种表现情况。一是跟现代汉语相比较，在字序形式上呈BA式的，我们称之为历时同素异序词，有21个，占东汉碑刻同素异序形容词的28%。二是在东汉碑刻语料中同时存在AB和BA两种形式的，我们称之为共时同素异序词，共27组，54个，占东汉碑刻同素异序形容词的72%。

### （一）历时同素异序词

这些词在现代汉语中以AB的字序形式存在，而在东汉碑刻中其字序呈BA

分布。即：荣光（荆州从事苑镇碑/敦煌长史武斑碑）、朴纯（梁相孔耽神祠碑）、骇惊（张公神碑）、富殷（三公山碑）、困危（故益州太守北海相景君铭）、痛伤（武氏石阙铭）、窄狭（樊毅修华岳碑）、旧故（青衣尉赵孟麟羊窦道碑）、困贫（析里桥郙阁颂）、闵怜（析里桥郙阁颂）、困穷（楚相孙叔敖碑）、殊特（郎中郑固碑）、宁康（议郎元宾碑）、欢喜（费凤别碑）、短长（北军中侯郭仲奇碑）、严庄（隶从事郭究碑）、怆悲（繁阳令杨君碑）、伤怆（汉故执金吾丞武荣碑）、纯清（平都侯相蒋君碑）、心欢（校官碑）、敬恭（东海庙碑/白石神君碑/乙瑛碑/西岳华山亭碑）等。

### （二）共时同素异序词

这些词在东汉碑刻中同时呈 AB 和 BA 的字序分布形式。即："辑宁"与"宁辑"、"简易"与"易简"、"摧剥"与"剥摧"、"恭肃"与"肃恭"、"炳焕"与"焕炳"、"荣宠"与"宠荣"、"祇肃"与"肃祇"、"哀戚"与"戚哀"、"欢欣"与"欣欢"、"伤瘁"与"瘁伤"、"康艾"与"艾康"、"辛酸"与"酸辛"、"昌炽"与"炽昌"、"青葱"与"葱青"、"节俭"与"俭节"、"赢缩"与"缩赢"、"伤切"与"切伤"、"摧伤"与"伤摧"、"平端"与"端平"、"恭恪"与"恪恭"、"凄怆"与"怆凄"、"俭约"与"约俭"、"直方"与"方直"、"清约"与"约清"、"清俭"与"俭清"、"优沾"与"沾优"、"勤恪"与"恪勤"等。

## 二、东汉碑刻同素异序复音形容词的历时演变

这里我们拟就东汉碑刻同素异序复音形容词从先秦、西汉到东汉，再从东汉到现代的沿革演变进行纵向考察，以揭示其发展变化的情况和轨迹。

### （一）历时同素异序词的发展变化

与现代汉语比，东汉碑刻中的 BA 式除"荣光"、"白黑"、"闵怜"、"欢喜"继承自前代以外，其余基本上始见于甚至仅见于东汉碑刻，如"朴纯"、"骇惊"、"富殷"、"困危"、"怆悲"、"痛伤"、"窄狭"、"困贫"、"殊特"、"宁康"、"严庄"、"伤怆"、"纯清"等。如：

①灵永迈矣，享斯荣光。（荆州从事苑镇碑）

②乐是□□，恬此荣光。（敦煌长史武斑碑）

③赏罚分明，白黑著明。（汉成阳会唐扶颂）

④危危累卵兮，圣朝闵怜。（析里桥郙阁颂）

⑤闻君显令名，举宗为欢喜。(费凤别碑)

⑥夫君子钦美，含歌如颂曰：君之德兮性自然，蹈仁义兮履朴纯。(梁相孔耽神祠碑)

⑦饮清泉兮□□□，见［缺］伏兮不骇惊。(张公神碑)

⑧百姓家给，国富殷兮。(三公山碑)

⑨去官未旬，病乃困危。(故益州太守北海相景君铭)

⑩朋徒潺湲，士女怆悲。(繁阳令杨君碑)

⑪苗秀不遂，呜呼衰裁，士女痛伤。(武氏石阙铭)

⑫以传窄狭，不足处尊卑，庙舍旧久，墙屋倾亚，世室不修，《春秋》作讥。(樊毅修华岳碑)

⑬或失绪业兮，至于困贫。(析里桥郙阁颂)

⑭帝用嘉之，显拜殊特。(郎中郑固碑)

⑮卫尉察尤异，迁吴令，宪春阳以加惠，则阴［下缺］击有乔宰郑见思之歌，视事二稔，民用宁康。(议郎元宾碑)

⑯严庄可恐，柔顺可爱。(司隶从事郭究碑)

⑰咸怀伤怆，远近哀同。(汉故执金吾丞武荣碑)

⑱□□挺出，［缺］性纯清。(平都侯相蒋君碑)

以上所举东汉碑刻BA式复音形容词除了“荣光”和“欢喜”在现代汉语中还偶尔使用外，其余均被AB式所代替。为什么这些产生在先的BA式却被后起的AB式所取代呢？这可能与声调顺序有关，这些词汇不符合汉语平上去入的四声顺序，而被后起的符合汉语声调顺序的AB式所替代，因为按四声的先后顺序排列，适应了语言表达方便省力而又抑扬和谐的需求，这可能也是汉语词汇复音化过程中的一条潜规则。

### （二）共时同素异序词的发展变化

跟先秦、西汉相比，东汉碑刻共时同素异序词的发展变化有三种情况：

(1) AB、BA两种形式在东汉前已见，在东汉碑刻中的意义和用法相同。共9组。即：

**【简易—易简】** 简单易行。

①复迁南阳太守，壹行质省简易之教，推贞谅以示下，显众善以厉否，恻隐之诚，通乎神人。(太尉刘宽碑)

②躬忠恕以及人，兼禹、汤之罪己，故能兴朴□□雕弊，济弘功于易简。(泰山都尉孔宙碑)

**【欢欣—欣欢】**欢喜欣悦。

①□□充赢兮，百姓欢欣。（析里桥郙阁颂）

②仲氏宗家共作大殿前石阶陛栏楯，贫富相扶，会计欣欢，不谋同辞，钱应时即具。（济阴太守孟郁修尧庙碑）

**【节俭—俭节】**节约俭省。

①躬尚节俭，□□□□。（高阳令杨著碑）

②君下车崇尚俭节，躬自菲薄，储偫非法，悉无所留。（竹邑侯相张寿碑）

**【恭恪—恪恭】**恭敬谨慎。

①制诏：中常侍樊安，宿卫历年，恭恪淑慎，婴被疾病，不幸蚤终。（中常侍樊安碑）

②大汉典制，有恩泽之封，辅历世守省，恪恭位著，建立之际，处乎左右常伯之职，同［缺］协意，以亮天功。（吉成侯州辅碑）

**【凄怆—怆凄】**悲伤凄惨。

①凡百凄怆，痛乎何辜。（益州太守高颐碑）

②松柏□冥，涕泣怆凄。（平都侯相蒋君碑）

**【俭约—约俭】**简约省俭。

①君清节俭约，厉风子孙，固穷守陋，不□□□，堂无文丽，墓无碑识。（孝廉柳敏碑）

②思惟俭约，所以利民。（汉安长陈君阁道碑）

③□□暇念，菲身约俭。（巴郡太守张纳碑）

**【平端—端平】**端正，允当。

①陨高夷窊，显敞平端。（成皋令任伯嗣碑）

②因缮旧室，整顿端平。（西岳华山亭碑）

**【祗肃—肃祗】**犹恭敬。

①案奏□公，弹绌五卿，华夏祗肃，佞秽者远。（汉司隶校尉鲁峻碑）

②日恪位伫，所在祗肃。（博陵太守孔彪碑）

③属城祗肃，千里折中。（冀州从事张表碑）

④庶慕先贤，体德允恭，笃古尊旧，奉履宪章，钦翼天道，五典兴通，文藉祭祠，祗肃神明。（楚相孙叔敖碑）

⑤既至升堂，屏气拜手，祗肃屑偎，仿佛若在。（史晨飨孔庙后碑）

⑥月醮时祀，肃祗齐壶。（无极山碑）

**【直方—方直】**人品端方正直。

①三辟将军府，征书粲粲，贞亮直方。（北军中侯郭仲奇碑）

②永寿三年十二月戊寅朔二十六日癸巳，惟许卒史安国礼性方直，廉言敦

笃，慈仁多恩，注所不可。（山东嘉祥出土东汉永寿三年画像石题记）

（2）东汉前只有AB式，东汉碑刻则AB和BA式同时存在，意义和用法相同。共6组。即：

**【辑宁—宁辑】** 安定、安宁义。

"辑宁"一词，东汉前已见，如《尚书·汤诰》："俾予一人，辑宁万邦家。"例中的"辑宁"为形容词用作动词，即"使……安定"的意思。东汉碑刻继承了该用法，还出现了"宁辑"一词，意义为其形容词的本用，乃"安定、安宁"的意思。如：

①建立兆域，修设坛屏，所以昭孝息民，辑宁上下也。（白石神君碑）

②封右乡侯，迁辽东太守，旬月之间，秽貉宁辑。（荆州刺史度尚碑）

**【荣宠—宠荣】** 尊荣义。

"宠荣"一词已出现于东汉前，如《史记》卷二十三《礼书》第一："故德厚者位尊，禄重者宠荣。"东汉碑刻继承此用，还产生了词形"荣宠"，意义未变。如：

①魂而有灵，嘉其宠荣。呜呼哀哉！（费亭侯曹腾碑阴）

②存有显名，终有遗勋，魂如有灵，嘉斯宠荣。（金乡长侯成碑）

③魂而有灵，嘉其宠荣。（中常侍樊安碑）

④故能弱冠，荣宠纪纲。（冀州从事郭君碑）

⑤光以不肖，贪追贤烈，以自荣宠。（孙叔敖碑阴）

**【哀戚—戚哀】** 悲伤、悲痛义。

"哀戚"一词已见于先秦，如《孝经·丧亲》："闻乐不乐，食旨不甘，此哀戚之情也。"东汉碑刻中，"哀戚"、"戚哀"共存，意义未变。如：

①姿履□□□穆之操，爱敬以事生，哀戚以送终。（郎中王政碑）

②遭孝桓大忧，屯守玄武，戚哀悲恸，加遇害气，遭疾陨灵。（汉故执金吾丞武荣碑）

**【昌炽—炽昌】** 兴旺、昌盛义。

"昌炽"一词东汉前已见，刘向《说苑·建本》："夫谷者，国家所以昌炽，士女所以姣好，礼义所以行，而人心所以安也。"东汉碑刻又出现了词形"炽昌"，意义未变。如：

①纪祖称所出□□□□官位宦学，皆不可测，子子孙孙，必蒙大圣休烈之福，以劝后进昌炽无极。（济阴太守孟郁修尧庙碑）

②子子孙孙，卑尔炽昌。（校官碑）

**【青葱—葱青】** 翠绿色义。

"青葱"已见于东汉前，《文选·扬雄〈甘泉赋〉》："翠玉树之青葱兮。"东汉碑刻中新产生了“葱青”一词，意义不变。即：

①万物慈躬，华泽青葱。（严䜣碑）

②楙林葱青，仓气蔚伊□。（无极山碑）

**【赢缩—缩赢】** 长短义。

“赢缩”一词已见于先秦，义为“进退”，如《国语·越语下》：“得时无怠，时不再来，天予不取，反为之灾，赢缩转化，后将悔之。”韦昭注：“赢缩，进退也。”东汉碑刻中，“赢缩”和“缩赢”共现，但意义发生了变化，乃“长短”的意思。即：

①［缺］惟古圣，孔尼丧鲤，赢缩有命，不可增损。（安平相孙根碑）

②三命缩赢，卑彼［下缺］幽冥。（仲秋下旬碑）

（3）AB、BA两种形式和意义都新出现于东汉碑刻，或其词形虽在东汉前已出现，但产生了新的意义。

前者有“伤切”与“切伤”、“炳焕”与“焕炳”、“伤瘁”与“瘁伤”、“约清”与“清约”、“优沾”与“沾优”、“勤恪”与“恪勤”、“摧剥”与“剥摧”。共7组。即：

**【伤切—切伤】** 哀伤义。

①远近伤切，痛于仓乾。（益州太守无名碑）

②寮党感切，凡百切伤。（外黄令高彪碑）

**【炳焕—焕炳】** 鲜明华丽。

①其辞曰：君德明明，炳焕弥光。（司隶校尉杨孟文石门颂）

②矧乃孔子，玄德焕炳，光于上下。（鲁相史晨奏祀孔子庙碑）

③君体焕炳，有芬有馨。（汉成阳令唐扶颂）

④磦落焕炳，临疑独逝，故能光明越闻，显于区夏，英声□□□□□公族。（幽州刺史朱龟碑）

⑤功绩焕炳，恩如浩仓。（济阴太守孟郁修尧庙碑）

**【伤瘁—瘁伤】** 悲伤、忧伤。

①于是族旧门人，莫不伤瘁。（议郎元宾碑）

②春秋六十六，梨仪瘁伤，泣涕连漉。（堂邑令费凤碑）

**【约清—清约】** 清净自守。

①先人修质，尚约清兮。（孝廉柳敏碑）

②往者王尊发纵于平阳，清约藩辅，其节衎然。（国三老袁良碑）

**【优沾—沾优】** 盛多、丰沛。

①嘉澍优沾，利茂万物，阴阳和协，百姓赖福。（济阴太守孟郁修尧庙碑）

②宰城子牧，惠泽沾优。（益州太守高颐碑）

**【勤恪—恪勤】** 勤勉恭谨。

①束修勤恪，在公明明。（冀州从事郭君碑）

②立朝正色，恪勤竭忠，无德不旌，靡恶不形，将训品物，以济大清。（太尉杨震碑）

**【摧剥—剥摧】** 形容心情极度悲痛。

①既陨慈恕，续嗣不茂，哀心摧剥。（富春丞张君碑）

②孝子憏懆，颠倒剥摧。（故益州太守北海相景君铭）

后者即“辛酸”与“酸辛”。“辛酸”和“酸辛”均已见于先秦，指两种味觉，即辣味和酸味。如《荀子·正名》：“甘苦咸淡辛酸奇味，以口异。”《管子·轻重》：“其在味者，酸辛咸苦甘也。”东汉碑刻中，两者词形未变，但意义发生了变化，比喻悲伤的意思，乃其引申义。例如：

①念君之仁恩，闻君之陨隧，剥断而辛酸，复截缞麻杖，［缺］君之柩棺，扶号而竭［缺］，泣涕其□□。（堂邑令费凤碑）

②哀哀士俊，恻尔酸辛。（平舆令薛君碑）

跟现代汉语相比较，共时同素异序词的发展变化表现出如下特点：

第一，AB、BA两式在东汉碑刻中都使用，意义也相同，但现代汉语中保留了AB式而非BA式。如上述引例中的“简易”与“易简”、“欢欣”与“欣欢”、“节俭”与“俭节”、“凄怆”与“怆凄”、“俭约”与“约俭”、“哀戚”与“戚哀”、“青葱”与“葱青”、“赢缩”与“缩赢”，现代汉语只沿用了“简易”、“欢欣”、“节俭”、“凄怆”、“俭约”、“哀戚”、“青葱”、“赢缩”等词形。

其原因可能是它们在意义和用法上完全等同，不符合语言交际的经济原则，徒然增加人们交际上的负担，故其中一种形式因变得多余而被淘汰。我们发现，保留到现代汉语的大多是东汉前即已产生并在东汉碑刻中还在继续使用的那部分词，而淘汰的大多是东汉碑刻中新兴的词形，即BA式，其原因是多方面的，但其中一个重要的因素可能是AB式因其使用时间长，为大众所熟知，更便于交际和使用而被赋予了长久的生命力。

第二，东汉碑刻中使用的AB和BA两式在现代汉语中都已消失或极少使用，共18组。即：“辑宁”与“宁辑”、“恭肃”与“肃恭”、“炳焕”与“焕炳”、“荣宠”与“宠荣”、“祗肃”与“肃祗”、“哀戚”与“戚哀”、“伤瘁”与“瘁伤”、“康艾”与“艾康”、“昌炽”与“炽昌”、“伤切”与“切伤”、“平端”与“端平”、“恭恪”与“恪恭”、“直方”与“方直”、“清约”与“约清”、“清俭”与“俭清”、“优沾”与“沾优”、“勤恪”与“恪勤”、“摧剥”与“剥摧”。

这些词在现代汉语中已基本不用，究其原因，一方面是因其过于典雅，其意义被后起的通俗化的口语词所代替；另一方面也可能是更重要的原因，是因为这些词带有很强烈的碑刻语体色彩，有的甚至仅见于东汉碑刻，受其使用范围的局限，很难流传和被人民大众所接受，以致有的还停留在言语使用阶段，昙花一现，生命极其短暂。

## 三、余论

据程湘清先生考察，与东汉碑刻同期的《论衡》共有同素异序形容词55个[①]，其中除“困穷”一词与东汉碑刻均有使用外，其余都不见于东汉碑刻。东汉碑刻和《论衡》同素异序形容词的大量使用，从“量”的方面说明同素异序形容词在东汉呈加速发展的趋势。而从东汉碑刻同素异序形容词的使用情况来看，同素异序词在东汉也有了“质”的变化，这主要表现在共时同素异序形容词中。一方面东汉前只有AB式，东汉碑刻又出现了新的BA式，特别是还产生了同时存在AB和BA两式新的同素异序形容词，或词形虽在东汉前已存在，但意义在东汉发生新的变化的同素异序形容词；另一方面是在东汉碑刻中出现的BA式，在现代汉语中呈AB式，是这些现代汉语形容词的源头形式。

为什么东汉碑刻有这么多的同素异序形容词呢？原因是多方面的，主要是由于东汉碑刻中的同素异序形容词绝大多数是由两个意义相同、相近或相类似的语素组合而成的并列式结构，增加了其词素次序的灵活性，因为词素顺序颠倒后不会导致词义和结构的改变，这就使得在当时汉语词汇复音化大势的驱动下大量同素异序形容词形成。当然，还有可能跟碑刻语料有关。东汉碑刻不仅涉及的社会生活面广，而且关涉的地域也很广，因此，这些同素异序形容词很可能就是来自不同地区的方言词。

---

① 程湘清：《汉语史专书复音词研究》，北京：商务印书馆2003年版。

# 第四章　东汉碑刻双音同根形容词类聚体

“一种语言的语音的系统性和语法的系统性都是容易体会到的，唯有词汇的系统性往往被人们忽略了，以为词汇的一个个的词好像是一盘散沙。其实词与词之间是密切联系着的。”① “中古汉语研究，在词义的研究模式上，不能只对词语做单个的、零散的分析，要对一组词、一类词或相似类型的词语作整体考察，要有俯瞰全局的本领，善于概括出同类词语的本质特色。”② 这里我们就考察东汉碑刻中的一群相似类型的词语——双音同根形容词。东汉碑刻双音同根形容词类聚体指以相同形容词性的词素作为词根（为行文方便，以下就简称为同根素），配以不同的词素构成的一群双音形容词。它们以同根词素昭示其声音形式上和基本意义上的关联性，以不同的搭配词素显示其意义间的差别性。这些同根词使东汉碑刻词汇的复音形容词呈现出群聚性、系统性和多样化的特征。东汉碑刻复音形容词中的双音复合形容词约850个，其中双音同根形容词621个。双音同根形容词的大量使用是东汉碑刻词汇的重要特点之一，我们对其进行考察，对探究这类词汇本身的特点以及东汉碑刻形容词的使用特点和当时词汇复音化的规律都具有重要的意义。

## 一、同根素的构词频率特点

在东汉碑刻语料中能构成同根形容词的同根素有163个，共构成双音同根形容词621个，占双音复合形容词总数的73.18%。这些同根素的构词频率大小不等，其基本情况如下：

（1）构成2个同根形容词的同根素有42个，占可构成同根形容词的同根素总数的25.77%。这些同根素及其所构成的同根形容词如下：

**【虔】**

虔恪（平都侯相蒋君碑/帝尧碑）、虔恭（封龙山颂/凉州刺史魏元丕碑/太尉陈球碑/郎中郑固碑/桐柏淮源庙碑）。

---

① 王力：《汉语史稿》，北京：中华书局1980年版。

② 王云路：《中古汉语词汇研究综述》，《古汉语研究》2003年第2期。

【昭】

昭达（童子逢盛碑）、昭明（白石神君碑/小黄门谯敏碑）。

【熙】

钦熙（山阳太守祝睦后碑）、缉熙（太尉刘宽碑/童子逢盛碑/泰山都尉孔宙碑）。

【方】

直方（北军中侯郭仲奇碑）、方直（山东嘉祥出土东汉永寿三年画像石题记）。

【凶】

凶虐（巴郡太守樊敏碑）、咎凶（鲜于璜碑）。

【虐】

凶虐（巴郡太守樊敏碑）、强虐（鲁峻碑）。

【狡】

奸狡（巴郡太守樊敏碑）、狡猾（赐豫州刺史冯焕昭）。

【迫】

促迫（西狭颂）、迫窄（郎中马江碑）。

【遐】

遐邈（敦煌长史武斑碑）、遐迩（鲁峻碑/金乡长侯成碑/三公山碑/仲秋下旬碑/上言复华下民租田口算状）。

【蕃】

蕃昌（白石神君碑）、蕃滋（孟孝琚碑）。

【浊】

溷浊（楚相孙叔敖碑）、清浊（樊毅修华岳碑）。

【齐】

肃齐（东海庙碑）、整齐（童子逢盛碑）。

【寒】

饥寒（上言复华下民租田口算状）、心寒（司隶校尉杨孟文石门颂）。

【周】

周密（吉成侯州辅碑）、周厚（金广延母徐氏纪产碑）。

【藐】

高藐（司徒掾梁休碑）、炽藐（山阳太守祝睦后碑）。

【敞】

弘敞（桐柏淮源庙碑）、显敞（成皋令任伯嗣碑）。

【朗】

宣朗（白石神君碑）、高朗（冀州从事张表碑/卫尉衡方碑）。

【朴】

朴纯（梁相孔耽神祠碑）、朴素（太尉刘宽碑）。

【富】

富殷（三公山碑）、富贵（□通封记/先生郭辅碑）。

【宠】

宠荣（费亭侯曹腾碑阴/金乡长侯成碑/中常侍樊安碑）、荣宠（冀州从事郭君碑/孙叔敖碑阴）。

【毅】

刚毅（北军中侯郭仲奇碑）、果毅（赵宽碑）。

【深】

沈深（蜀郡属国辛通达李仲曾造桥碑/桂阳太守周憬功勋铭）、弘深（郭泰碑）。

【险】

险夷（桂阳太守周憬功勋铭）、险阻（费亭侯曹腾碑阴/汉安长陈君阁道碑）。

【殷】

富殷（三公山碑）、殷润（楚相孙叔敖碑）。

【顺】

柔顺（司隶从事郭究碑/桐柏淮源庙碑）、恭顺（相府小史夏堪碑/李翊夫人碑）。

【广】

广大（郭泰碑/西狭颂）、广渊（堂溪典嵩高山石阙铭/浚仪令衡立碑）。

【葱】

葱青（无极山碑）、青葱（严䜣碑）。

【节】

俭节（竹邑侯相张寿碑）、节俭（高阳令杨著碑）。

【恕】

廉恕（博陵太守孔彪碑）、慈恕（丹阳太守郭旻碑/富春丞张君碑）。

【疾】

漂疾（析里桥郙阁颂）、敏疾（戚伯著碑）。

【炎】

炎煴（济阴太守孟郁修尧庙碑）、炎赫（武都太守耿勋碑）。

【宽】

宽弘（严䜣碑/冀州刺史王纯碑）、宽猛（平都侯相蒋君碑/平舆令薛君碑/太尉杨震碑/沛相杨统碑/卫尉衡方碑）。

【阻】

峻阻（西狭颂）、险阻（费亭侯曹腾碑阴/汉安长陈君阁道碑）。

【促】

促峻（中常侍樊安碑）、促迫（西狭颂）。

【阜】

丰阜（山阳太守祝睦碑）、繁阜（太尉陈球碑）。

【辛】

辛酸（堂邑令费凤碑）、酸辛（平舆令薛君碑）。

【戚】

戚哀（汉故执金吾丞武荣碑）、哀戚（郎中王政碑）。

【怆】

怆凄（平都侯相蒋君碑）、凄怆（益州太守高颐碑）。

【震】

肃震（豫州从事尹宙碑）、震栗（孝廉柳敏碑）。

【营】

屏营（平舆令薛君碑/鲁相史晨奏祀孔子庙碑）、茕营（冀州从事郭君碑）。

【果】

果毅（赵宽碑）、果达（绥民校尉熊君碑）。

【艰】

艰苦（慎令刘修碑）、艰难（吉成侯州辅碑）。

（2）构成3个同根形容词的同根素有50个，占可构成同根形容词的同根素总数的30.67%。这些同根素及其所构成的同根形容词有：

【强】

强大（太尉陈球碑）、强虐（鲁峻碑）、荒强（冀州从事郭君碑）。

【幽】

幽微（敦煌长史武斑碑）、幽昏（楚相孙叔敖碑）、幽浚（郭泰碑）。

【衰】

衰沮（成阳灵台碑）、衰贱（殽坑君神祠碑）、衰微（巴郡太守樊敏碑/济阴太守孟郁修尧庙碑/仲秋下旬碑）。

【欣】

欣悦（梁相孔耽神祠碑）、欣欢（济阴太守孟郁修尧庙碑）、欢欣（析里桥郙阁颂）。

【穆】

雍穆（李翊夫人碑/富春丞张君碑）、祇穆（太尉陈球碑）、穆清（圉令赵君碑/嵩高山开母庙石阙铭）。

【芬】

芬耀（故益州太守北海相景君铭）、苾芬（张公神碑）、馥芬（相府小史夏堪碑/帝尧碑）。

【痛】

切痛（□通封记）、惨痛（郎中马江碑）、悲痛（山东嘉祥出土东汉永寿三年画像石题记）。

【赫】

休赫（严䜣碑/四川郫县东汉墓门石刻）、炎赫（武都太守耿勋碑）、赫烈（三老讳字忌日记）。

【穰】

丰穰（竹邑侯相张寿碑/酸枣令刘熊碑）、丰备（西岳华山庙碑）、丰阜（山阳太守祝睦碑）。

【栗】

竦栗（沛相杨统碑）、战栗（嵩山泰室神道石阙铭）、憀栗（鲜于璜碑）。

【醇】

醇暇（泰山都尉孔宙碑）、醇懿（成皋令任伯嗣碑）、醇曜（鲜于璜碑）。

【怛】

忉怛（益州太守高颐碑/安平相孙根碑/淳于长夏承碑/故益州太守北海相景君铭）、恻怛（太尉刘宽碑）、惨怛（山东嘉祥出土东汉永寿三年画像石题记）。

【厄】

困厄（桂阳太守周憬功勋铭）、穷厄（孔褒碑）、厄急（仙人唐公房碑）。

【威】

威怒（桂阳太守周憬功勋铭）、威猛（酸枣令刘熊碑）、威肃（卫尉衡方碑）。

【怒】

威怒（桂阳太守周憬功勋铭）、喜怒（巴郡太守樊敏碑）、忿怒（孟孝琚碑）、瘴怒（西岳华山亭碑）。

【信】

忠信（梁相费汎碑/北军中侯郭仲奇碑/楚相孙叔敖碑/故益州太守北海相景君铭）、贞信（先生郭辅碑）、仁信（赵宽碑）。

【充】

充肥（上言复华下民租田口算状）、充赢（析里桥郙阁颂）、充衍（凉州刺史魏元丕碑）。

【简】

简易（太尉刘宽碑）、简略（桐柏淮源庙碑）、易简（泰山都尉孔宙碑）。

【美】

美厚（西狭颂）、美好（楚相孙叔敖碑）、淑美（金乡长侯成碑）。

【逼】

逼狭（桐柏淮源庙碑）、逼窄（西岳华山亭碑）、穷逼（赵宽碑）。

【狭】

逼狭（桐柏淮源庙碑）、窄狭（樊毅修华岳碑）、狭少（金广延母徐氏纪产碑）。

【嵩】

嵩峻（桐柏淮源庙碑）、嵩厚（三公山碑）、嵩高（太尉刘宽碑）。

【丰】

丰盈（白石神君碑）、丰穰（蜀郡属国辛通达李仲曾造桥碑）、丰茂（汉安长陈君阁道碑）。

【好】

妙好（从事武梁碑）、美好（楚相孙叔敖碑）、茂好（费凤别碑）。

【剥】

剥摧（故益州太守北海相景君铭）、摧剥（富春丞张君碑）、切剥（金乡长侯成碑）。

【慎】

谨慎（成阳灵台碑）、淑慎（赵宽碑/吉成侯州辅碑/浚仪令衡立碑/郎中马江碑）、肃慎（幽州书佐秦君石阙文）。

【刚】

刚毅（北军中侯郭仲奇碑）、刚柔（沛相杨统碑/桂阳太守周憬功勋铭）、刚猛（成皋令任伯嗣碑）。

【炽】

炽藐（山阳太守祝睦后碑）、炽昌（校官碑）、昌炽（济阴太守孟郁修尧庙碑）。

【淑】

淑灵（郭泰碑）、淑慎（赵宽碑/吉成侯州辅碑/浚仪令衡立碑/郎中马江碑/中常侍樊安碑）、淑美（金乡长侯成碑）。

【耀】

芬耀（故益州太守北海相景君铭）、光耀（郭泰碑/凉州刺史魏元丕碑）、显耀（吉成侯州辅碑）。

【硕】

硕茂（桐柏淮源庙碑）、硕大（先生郭辅碑）、博硕（封龙山颂）。

【怖】

忧怖（鲁相史晨奏祀孔子庙碑）、慑怖（巴郡太守张纳碑）、怖畏（鲜于璜碑）。

【夷】

险夷（桂阳太守周憬功勋铭）、平夷（太尉陈球后碑/西狭颂）、夷易（桂阳太守周憬功勋铭）。

【久】

永久（仓颉庙碑）、长久（樊毅修华岳碑）、久远（上言复华下民租田口算状）。

【固】

坚固（西狭颂）、纯固（竹邑侯相张寿碑/山阳太守祝睦碑）、贞固（郭泰碑/中常侍樊安碑）。

【寂】

寂静（成皋令任伯嗣碑/张公神碑）、清寂（老子铭）、寂谧（巴郡太守张纳碑）。

【曲】

屈曲（司隶校尉杨孟文石门颂）、委曲（济阴太守孟郁修尧庙碑）、回曲（桂阳太守周憬功勋铭/南安长王君子乡道碑）。

【贫】

贫富（东海庙碑/成阳灵台碑/济阴太守孟郁修尧庙碑）、贫苦（故民吴仲山碑）、困贫（析里桥郙阁颂）。

【繁】

繁茂（金乡长侯成碑/冀州刺史王纯碑）、繁昌（樊毅修华岳碑/孝廉柳敏碑）、繁阜（太尉陈球碑）。

【恸】

恸切（李翊夫人碑）、哀恸（金乡长侯成碑）、悲恸（汉故执金吾丞武荣碑/北军中侯郭仲奇碑）。

【猛】

威猛（酸枣令刘熊碑）、宽猛（平都侯相蒋君碑/平舆令薛君碑/太尉杨震碑/沛相杨统碑/卫尉衡方碑）、刚猛（成皋令任伯嗣碑）。

【窄】

迫窄（郎中马江碑）、逼窄（西岳华山亭碑）、窄狭（樊毅修华岳碑）。

【壮】

壮厉（荆州刺史度尚碑）、壮勇（赵宽碑）、崇壮（郭泰碑）。

【厉】

清厉（议郎元宾碑）、壮厉（荆州刺史度尚碑）、高厉（汉故执金吾丞武荣碑）。

【哲】

明哲（郭泰碑/酸枣令刘熊碑/稿长蔡湛颂）、叡哲（议郎元宾碑）、聪哲（童子逢盛碑）。

【沾】

沾洽（济阴太守孟郁修尧庙碑/白石神君碑）、沾优（益州太守高颐碑）、沾渥（曹全碑）。

【艾】

艾康（司隶从事郭究碑/析里桥郙阁颂）、艾安（鲜于璜碑/巴郡太守张纳碑/裴岑纪功碑）、康艾（樊毅修华岳碑）。

【渊】

渊懿（淳于长夏承碑/济阴太守孟郁修尧庙碑/故益州太守北海相景君铭）、渊濬（山阳太守祝睦碑）、广渊（堂溪典嵩高山石阙铭/浚仪令衡立碑）。

【休】

休赫（严䜣碑/四川郫县东汉墓门石刻）、休明（樊毅修华岳碑）、休隆（绥民校尉熊君碑）。

（3）构成4个同根形容词的同根素有27个，占可构成同根形容词的同根素总数的16.56%。这些同根素及其所构成的同根形容词有：

【炳】

章炳（敦煌长史武斑碑）、焕炳（鲁相史晨奏祀孔子庙碑/汉成阳令唐扶颂/幽州刺史朱龟碑/济阴太守孟郁修尧庙碑）、炳焕（司隶校尉杨孟文石门颂）、炳明（巴郡太守樊敏碑）。

【玄】

玄妙（敦煌长史武斑碑）、玄虚（老子铭）、玄秀（博陵太守孔彪碑）、玄嘿（娄寿碑）。

【宁】

辑宁（白石神君碑）、宁康（议郎元宾碑）、安宁（析里桥郙阁颂）、宁辑（荆州刺史度尚碑）。

【雍】

肃雍（史晨飨孔庙后碑/白石神君碑）、雍容（樊毅修华岳碑）、时雍（樊毅修华岳碑/益州太守高颐碑）、雍穆（李翊夫人碑/富春丞张君碑）。

【敦】

敦良（绥民校尉熊君碑/楚相孙叔敖碑）、敦笃（山东嘉祥出土东汉永寿三年画像石题记/梁相费泛碑/北军中侯郭仲奇碑）、敦庬（卫尉衡方碑）、敦仁（桂阳太守周憬功勋铭）。

【长】

长久（樊毅修华岳碑）、深长（析里桥郙阁颂）、悠长（冀州从事张表碑）、短长（北军中侯郭仲奇碑）。

【妙】

玄妙（敦煌长史武斑碑）、清妙（郭泰碑/郎中马江碑/孔谦碑）、要妙（济阴太守孟郁修尧庙碑）、微妙（敦煌长史武斑碑）。

【乐】

欢乐（梁相孔耽神祠碑）、安乐（汉安长陈君阁道碑/司隶校尉杨孟文石门颂）、逸乐（酸枣令刘熊碑）、嘉乐（鲁峻碑）。

【贤】

高贤（先生郭辅碑/敦煌长史武斑碑）、仁贤（司隶校尉杨孟文石门颂）、贤明（都乡孝子严举碑）、贤孝（曹全碑）。

【昌】

蕃昌（白石神君碑）、繁昌（樊毅修华岳碑/孝廉柳敏碑）、炽昌（校官碑）、昌炽（济阴太守孟郁修尧庙碑）。

【允】

允臧（白石神君碑）、允恭（巴郡太守张纳碑/泰山都尉孔宙碑/楚相孙叔敖碑）、明允（封丘令王元宾碑/堂溪典嵩高山石阙铭/竹邑侯相张寿碑）、忠允（小黄门谯敏碑）。

【盛】

隆盛（成阳灵台碑）、兴盛（三国老袁良碑）、茂盛（戚伯著碑）、牟盛（司隶校尉杨淮碑）。

【厚】

笃厚（桂阳太守周憬功勋铭）、美厚（西狭颂）、周厚（金广延母徐氏纪产碑）、嵩厚（三公山碑）。

【叡】

叡圣（酸枣令刘熊碑）、叡哲（议郎元宾碑）、明叡（安平相孙根碑）、聪叡（童子逢盛碑）。

【困】

困厄（桂阳太守周憬功勋铭）、困危（故益州太守北海相景君铭）、困穷

（楚相孙叔敖碑）、困贫（析里桥郙阁颂）。

【惨】

惨痛（郎中马江碑）、惨怆（广汉属国侯李翊碑）、惨恻（司空孔扶碑）、惨怛（山东嘉祥出土东汉永寿三年画像石题记）。

【密】

周密（吉成侯州辅碑）、精密（济阴太守孟郁修尧庙碑）、密勿（冀州从事郭君碑/无极山碑/帝尧碑）、密清（樊毅修华岳碑）。

【利】

利磨（司隶校尉杨孟文石门颂）、利贞（冀州从事张表碑/史晨飨孔庙后碑/西岳华山亭碑）、惠利（慎令刘修碑/析里桥郙阁颂/上言复华下民租田口算状）、吉利（真道冢地碑）。

【敏】

明敏（西狭颂）、博敏（繁阳令杨君碑）、敏达（吉成侯州辅碑/童子逢盛碑）、敏疾（戚伯著碑）。

【精】

精诚（成阳灵台碑）、精密（济阴太守孟郁修尧庙碑）、精横（繁阳令杨君碑）、精微（国三老袁良碑）。

【祇】

祇肃（鲁峻碑/博陵太守孔彪碑/冀州从事张表碑/楚相孙叔敖碑/史晨飨孔庙后碑）、祇穆（太尉陈球碑）、祇翼（封丘令王元宾碑）、肃祇（无极山碑）。

【乱】

扰乱（益州太守高眹修周公礼殿记）、混乱（益州太守高眹修周公礼殿记）、危乱（费凤别碑）、溷乱（绥民校尉熊君碑）。

【恬】

恬淡（三公山碑）、恬静（冀州从事张表碑）、恬虚（外黄令高彪碑）、恬默（太尉刘宽碑）。

【摧】

摧剥（富春丞张君碑）、摧伤（凉州刺史魏元丕碑）、剥摧（故益州太守北海相景君铭）、伤摧（淳于长夏承碑）。

【亮】

贞亮（北军中侯郭仲奇碑）、灵亮（封龙山颂）、卞亮（冀州从事郭君碑）、弘亮（绥民校尉熊君碑）。

【荒】

荒忽（桂阳太守周憬功勋铭）、荒老（梁相孔耽神祠碑）、荒强（冀州从事郭君碑）、荒淫（樊毅修华岳碑）。

【悼】

愍悼（巴郡太守张纳碑/繁阳令杨君碑）、咨悼（吉成侯州辅碑/小黄门谯敏碑）、悲悼（郭泰碑）、悼伤（童子逢盛碑/堂邑令费凤碑）。

（4）构成5个同根形容词的同根素有17个，占可构成同根形容词的同根素总数的10.42%。这些同根素及其所构成的同根形容词是：

【廉】

廉勇（楚相孙叔敖碑）、廉恕（博陵太守孔彪碑）、廉洁（楚相孙叔敖碑）、廉约（汉安长陈君阁道碑/济阴太守孟郁修尧庙碑）、清廉（武氏石室祥瑞图题字）。

【温】

温仁（济阴太守孟郁修尧庙碑）、温慈（封丘令王元宾碑/司隶从事郭究碑）、温恭（郭泰碑/冀州从事郭君碑/繁阳令杨君碑）、温良（丹阳太守郭旻碑）、温润（鲁峻碑）。

【优】

优隆（西岳华山亭碑）、优沾（济阴太守孟郁修尧庙碑）、优劣（豫州从事尹宙碑）、逴优（山阳太守祝睦后碑）、沾优（益州太守高颐碑）。

【仁】

慈仁（绥民校尉熊君碑/山东嘉祥出土东汉永寿三年画像石题记/严䜣碑/金广延母徐氏纪产碑/梁相孔耽神祠碑）、温仁（济阴太守孟郁修尧庙碑）、仁笃（郭泰碑）、仁贤（司隶校尉杨孟文石门颂）、仁信（赵宽碑）。

【易】

简易（太尉刘宽碑）、夷易（桂阳太守周憬功勋铭）、平易（司隶校尉杨孟文石门颂）、难易（司隶校尉杨孟文石门颂）、易简（泰山都尉孔宙碑）。

【柔】

柔克（慎令刘修碑）、柔顺（司隶从事郭究碑）、柔和（堂邑令费凤碑）、柔嘉（武都太守耿勋碑/浚仪令衡立碑/西狭颂）、刚柔（沛相杨统碑/桂阳太守周憬功勋铭）。

【恻】

恻隐（太尉刘宽碑/梁相孔耽神祠碑）、恻怆（安平相孙根碑）、恻怛（太尉刘宽碑）、哀恻（北军中侯郭仲奇碑）、惨恻（司空孔扶碑）。

【峻】

嵩峻（桐柏淮源庙碑）、促峻（中常侍樊安碑）、阻峻（西狭颂）、危峻（五都太守李翕天井道碑）、峻峭（成皋令任伯嗣碑/桂阳太守周憬功勋铭）。

【慈】

慈仁（绥民校尉熊君碑/山东嘉祥出土东汉永寿三年画像石题记/严䜣碑/金广延母徐氏纪产碑/梁相孔耽神祠碑）、慈恕（丹阳太守郭旻碑）、慈爱（荆州从事苑镇碑/繁阳令杨君碑/广汉属国侯李翊碑）、慈孝（金乡长侯成碑/成阳灵台碑/费凤别碑）、温慈（封丘令王元宾碑）。

【勤】

勤苦（金广延母徐氏纪产碑）、勤恪（冀州从事郭君碑）、勤约（淳于长夏承碑）、勤劳（五都太守李翕天井道碑）、恪勤（太尉杨震碑）。

【光】

荣光（荆州从事苑镇碑/敦煌长史武斑碑）、光远（白石神君碑）、光大（卫尉衡方碑/老子铭）、光耀（郭泰碑/凉州刺史魏元丕碑）、光明（严䜣碑/幽州刺史朱龟碑）。

【远】

旷远（敦煌长史武斑碑）、光远（白石神君碑）、久远（上言复华下民租田口算状）、辽远（史晨飨孔庙后碑）、弘远（幽州刺史朱龟碑）。

【谦】

卑谦（慎令刘修碑）、劳谦（西岳华山亭碑/幽州刺史朱龟碑）、谦俭（太尉刘宽碑）、谦约（广汉属国侯李翊碑）、谦虚（司徒掾梁休碑/博陵太守孔彪碑/费凤别碑/郎中马江碑/金乡长侯成碑）。

【难】

难易（司隶校尉杨孟文石门颂）、难老（小黄门谯敏碑）、危难（成皋令任伯嗣碑/汉安长陈君阁道碑/司隶校尉杨孟文石门颂/青衣尉赵孟麟羊窦道碑）、歨难（司隶校尉杨孟文石门颂）、艰难（吉成侯州辅碑）。

【聪】

聪明（议郎元宾碑）、聪睿（郭泰碑/小黄门谯敏碑）、聪叡（童子逢盛碑）、聪哲（童子逢盛碑）、聪丽（汉故谷城长荡阴令张君表颂）。

【微】

微妙（敦煌长史武斑碑）、中微（太尉刘宽碑）、衰微（巴郡太守樊敏碑/济阴太守孟郁修尧庙碑/仲秋下旬碑）、精微（国三老袁良碑）、微弱（孙叔敖碑阴）。

【达】

通达（南安长王君子乡道碑/广汉长王君治石路碑）、昭达（童子逢盛碑）、敏达（吉成侯州辅碑/童子逢盛碑）、明达（鲜于璜碑）、果达（绥民校尉熊君碑）。

（5）构成6个同根形容词的同根素有7个，占可构成同根形容词的同根素总数的4.29%。这些同根素及其所构成的同根形容词即：

**【显】**

显融（太尉刘宽碑/白石神君碑）、显荣（武都太守耿勋碑/先生郭辅碑）、显章（议郎元宾碑）、显耀（吉成侯州辅碑）、显明（平都侯相蒋君碑）、显敞（成皋令任伯嗣碑）。

**【隆】**

隆盛（成阳灵台碑）、隆崇（西狭颂）、隆洽（孟孝琚碑）、优隆（西岳华山亭碑）、冯隆（卫尉衡方碑）、休隆（绥民校尉熊君碑）。

**【笃】**

笃厚（桂阳太守周憬功勋铭）、笃诚（封丘令王元宾碑/小黄门谯敏碑）、笃实（鲜于璜碑）、仁笃（郭泰碑）、敦笃（山东嘉祥出土东汉永寿三年画像石题记/梁相费泛碑/北军中侯郭仲奇碑）、纯笃（费亭侯曹腾碑阴）。

**【洁】**

清洁（费凤别碑/稿长蔡湛颂）、廉洁（楚相孙叔敖碑）、忠洁（北军中侯郭仲奇碑/淳于长夏承碑）、高洁（堂邑令费凤碑/广汉属国侯李翊碑）、修洁（四川郫县东汉墓门石刻）、洁静（李翊夫人碑/张公神碑）。

**【安】**

安宁（析里桥郙阁颂/白石神君碑）、安乐（汉安长陈君阁道碑/司隶校尉杨孟文石门颂）、安危（司隶校尉杨孟文石门颂）、安稳（鄐君开褒斜道摩崖刻石）、靖安（蜀郡属国辛通达李仲曾造桥碑）、艾安（鲜于璜碑/巴郡太守张纳碑/裴岑纪功碑）。

**【惠】**

惠康（武都太守耿勋碑/北军中侯郭仲奇碑/楚相孙叔敖碑/汉成阳令唐扶颂）、惠利（慎令刘修碑/析里桥郙阁颂/上言复华下民租田口算状）、惠和（太尉陈球后碑/封丘令王元宾碑/司隶从事郭究碑/冀州刺史王纯碑）、智惠（童子逢盛碑）、清惠（绥民校尉熊君碑/闻喜长韩仁碑）、忠惠（鲁峻碑）。

**【懿】**

渊懿（淳于长夏承碑/济阴太守孟郁修尧庙碑/故益州太守北海相景君铭）、沈懿（北军中侯郭仲奇碑）、纯懿（郭泰碑/凉州刺史魏元丕碑/卫尉衡方碑）、惇懿（博陵太守孔彪碑）、醇懿（成皋令任伯嗣碑）、懿铄（梁相费泛碑/沛相杨统碑）。

（6）构成7个同根形容词的同根素有6个，占可构成同根形容词的同根素总数的3.68%。这些同根素及其所构成的同根形容词即：

**【康】**

欢康（汉成阳令唐扶颂）、惠康（武都太守耿勋碑/北军中侯郭仲奇碑/楚相孙叔敖碑/汉成阳令唐扶颂)、艾康（司隶从事郭究碑/析里桥郙阁颂)、平康（鲜于璜碑)、宁康（议郎元宾碑)、尼康（山阳太守祝睦后碑)、康艾（樊毅修华岳碑)。

【忠】

忠信（梁相费泛碑/北军中侯郭仲奇碑/楚相孙叔敖碑/故益州太守北海相景君铭)、忠弼（汉故谷城长荡阴令张君表颂)、忠贞（绥民校尉熊君碑/吉成侯州辅碑/太尉杨震碑)、忠洁（北军中侯郭仲奇碑/淳于长夏承碑)、忠謇（巴郡太守樊敏碑/凉州刺史魏元丕碑/堂邑令费凤碑/金乡长侯成碑)、忠允（小黄门谯敏碑)、忠惠（鲁峻碑)。

【苦】

勤苦（金广延母徐氏纪产碑)、艰苦（慎令刘修碑)、愁苦（司隶校尉杨孟文石门颂)、劳苦（酸枣令刘熊碑)、贫苦（故民吴仲山碑)、创苦（汉安长陈君阁道碑)、疾苦（祀三公山碑)。

【荣】

荣光（荆州从事苑镇碑/敦煌长史武斑碑)、辉荣（故民吴仲山碑)、荣华（楚相孙叔敖碑)、荣宠（冀州从事郭君碑/孙叔敖碑阴)、滋荣（张公神碑)、宠荣（费亭侯曹腾碑阴/金乡长侯成碑/中常侍樊安碑)、显荣（武都太守耿勋碑/先生郭辅碑)。

【欢】

欢康（汉成阳令唐扶颂)、欢乐（梁相孔耽神祠碑)、欢欣（析里桥郙阁颂)、欢喜（费凤别碑)、欢悦（汉安长陈君阁道碑)、欣欢（济阴太守孟郁修尧庙碑)、心欢（校官碑)。

【弘】

弘敞（桐柏淮源庙碑)、弘雅（北军中侯郭仲奇碑)、弘懿（司徒掾梁休碑)、弘远（幽州刺史朱龟碑)、弘裕（太尉刘宽碑)、弘深（郭泰碑)、弘亮（绥民校尉熊君碑/严䜣碑/冀州刺史王纯碑)。

(7) 构成8个（含）以上同根形容词的同根素有14个，占可构成同根形容词的同根素总数的8.59%。其中“清”和“明”的构词能力最强，分别构成26个和19个双音复合形容词。另外“伤”构词14个，“肃”构词12个，“平”、“恭”构词11个。而构词10个的有“贞”、“高”，构词9个的有“俭”、“危”、“茂”、“和”，构词8个的有“哀”、“怆”。它们所构成的同根形容词是:

【哀】

悲哀（山东嘉祥出土东汉永寿三年画像石题记/严䜣碑)、戚哀（汉故执金吾丞武荣碑)、哀恸（金乡长侯成碑)、哀恻（北军中侯郭仲奇碑)、哀闵（武都太守耿勋碑）、哀戚（郎中王政碑）、哀慛（外黄令高彪碑）、哀戚（平都侯相蒋君碑）。

【怆】

怆悢（梁相孔耽神祠碑）、怆凄（平都侯相蒋君碑）、怆悲（繁阳令杨君碑）、恻怆（安平相孙根碑）、惨怆（广汉属国侯李翊碑）、凄怆（益州太守高颐碑）、伤怆（汉故执金吾丞武荣碑）、愍怆（外黄令高彪碑）。

【和】

柔和（堂邑令费凤碑）、惠和（太尉陈球后碑/封丘令王元宾碑/司隶从事郭究碑/冀州刺史王纯碑）、纯和（太尉刘宽碑）、清和（孔褒碑/酸枣令刘熊碑/桐柏淮源庙碑/上言复华下民租田口算状/稿长蔡湛颂）、和睦（鲜于璜碑/张公神碑）、和协（济阴太守孟郁修尧庙碑）、和亲（李翊夫人碑）、和陆（北军中侯郭仲奇碑/汉成阳令唐扶颂/都乡孝子严举碑）、和同（山东嘉祥出土东汉永寿三年画像石题记）。

【茂】

郁茂（张公神碑）、畅茂（三公山碑）、番茂（无极山碑）、硕茂（桐柏淮源庙碑）、洪茂（梁相孔耽神祠碑）、繁茂（金乡长侯成碑/冀州刺史王纯碑）、丰茂（汉安长陈君阁道碑）、茂盛（戚伯著碑）、茂好（费凤别碑）。

【俭】

恭俭（鲁峻碑/鲜于璜碑/山阳太守祝睦碑/泰山都尉孔宙碑）、俭节（竹邑侯相张寿碑）、俭清（巴郡太守樊敏碑）、俭约（孝廉柳敏碑/汉安长陈君阁道碑）、宁俭（太尉刘宽碑/泰山都尉孔宙碑）、谦俭（太尉刘宽碑）、清俭（金广延母徐氏纪产碑）、节俭（高阳令杨著碑）、约俭（巴郡太守张纳碑）。

【危】

困危（故益州太守北海相景君铭）、危骏（青衣尉赵孟麟羊窦道碑）、危殆（析里桥郙阁颂）、危难（成皋令任伯嗣碑/汉安长陈君阁道碑/西狭颂/司隶校尉杨孟文石门颂/青衣尉赵孟麟羊窦道碑）、危险（广汉长王君治石路碑）、危乱（费凤别碑）、危峻（五都太守李翕天井道碑）、安危（司隶校尉杨孟文石门颂）、高危（青衣尉赵孟麟羊窦道碑）。

【高】

高贤（先生郭辅碑/敦煌长史武斑碑）、高藐（司徒掾梁休碑）、高危（青衣尉赵孟麟羊窦道碑）、高明（太尉陈球后碑/慎令刘修碑）、高朗（冀州从事张表碑/卫尉衡方碑）、高邵（堂邑令费凤碑）、高洁（堂邑令费凤碑/广汉属国侯李翊碑）、高厉（汉故执金吾丞武荣碑）、高丽（封龙山颂）、嵩高（太尉刘宽碑）。

【贞】

贞谅（太尉刘宽碑）、贞直（桂阳太守周憬功勋铭）、贞孝（楚相孙叔敖碑）、贞信（先生郭辅碑）、贞恪（广汉属国侯李翊碑）、贞固（郭泰碑/中常侍樊安碑）、贞亮（北军中侯郭仲奇碑）、贞皦（繁阳令杨君碑）、忠贞（绥民校尉熊君碑/吉成侯州辅碑/太尉杨震碑）、利贞（冀州从事张表碑/史晨飨孔庙后碑/西岳华山亭碑）。

【恭】

竫恭（帝尧碑）、肃恭（三公山碑/西岳华山庙碑/殽坑君神祠碑）、肃恪（巴郡太守张纳碑/泰山都尉孔宙碑/楚相孙叔敖碑）、虔恭（封龙山颂/凉州刺史魏元丕碑/太尉陈球碑/郎中郑固碑/桐柏淮源庙碑）、温恭（郭泰碑/冀州从事郭君碑/繁阳令杨君碑）、恪恭（吉成侯州辅碑）、敬恭（东海庙碑/白石神君碑/乙瑛碑/西岳华山亭碑）、恭俭（鲁峻碑/鲜于璜碑/山阳太守祝睦碑/泰山都尉孔宙碑）、恭肃（西岳华山亭碑/司隶从事郭究碑/上言复华下民租田口算状）、恭恪（中常侍樊安碑）、恭顺（相府小史夏堪碑/李翊夫人碑）。

【平】

太平（析里桥郙阁颂/成阳灵台碑）、敞平（张公神碑）、清平（赵相雍劝阙碑/西狭颂）、正平（金乡长侯成碑）、端平（西岳华山亭碑）、平直（南安长王君子乡道碑/桂阳太守周憬功勋铭）、平易（司隶校尉杨孟文石门颂）、平夷（太尉陈球后碑/西狭颂）、平康（鲜于璜碑）、平端（成皋令任伯嗣碑）、平均（成皋令任伯嗣碑）。

【肃】

肃雍（史晨飨孔庙后碑/白石神君碑）、肃敬（嵩山泰室神道石阙铭/嵩岳太室石阙铭）、肃恭（三公山碑/西岳华山庙碑/殽坑君神祠碑）、肃祗（无极山碑）、肃慎（幽州书佐秦君石阙文）、肃震（豫州从事尹宙碑）、恭肃（西岳华山亭碑/司隶从事郭究碑/上言复华下民租田口算状）、明肃（北军中侯郭仲奇碑）、祗肃（鲁峻碑/博陵太守孔彪碑/冀州从事张表碑/楚相孙叔敖碑/史晨飨孔庙后碑）、清肃（校官碑/淳于长夏承碑）、齐肃（东海庙碑）、威肃（卫尉衡方碑）。

【伤】

慛伤（李翊夫人碑/高阳令杨著碑/繁阳令杨君碑）、雕伤（绥民校尉熊君碑）、摧伤（凉州刺史魏元丕碑）、瘁伤（堂邑令费凤碑）、痛伤（武氏石阙铭）、悼伤（童子逢盛碑/堂邑令费凤碑）、悲伤（严䜣碑）、切伤（外黄令高彪碑）、伤瘁（议郎元宾碑）、伤切（益州太守无名碑）、雕伤（绥民校尉熊君碑）、伤摧（淳于长夏承碑）、伤心（费凤别碑）、伤怆（汉故执金吾丞武荣碑）。

【明】

明哲（郭泰碑/益州太守无名碑/酸枣令刘熊碑/桐柏淮源庙碑/稿长蔡湛颂）、明敏（西狭颂）、明肃（北军中侯郭仲奇碑）、明叡（安平相孙根碑）、明允（封丘令王元宾碑/堂溪典嵩高山石阙铭/竹邑侯相张寿碑）、明达（鲜于璜碑）、著明（汉成阳令唐扶颂）、照明（鲜于璜碑/酸枣令刘熊碑/楚相孙叔敖碑）、清明（武氏石室祥瑞图题字）、高明（太尉陈球后碑/慎令刘修碑）、圣明（酸枣令刘熊碑）、钦明（卫尉衡方碑）、聪明（议郎元宾碑）、显明（平都侯相蒋君碑）、昭明（丹阳太守郭旻碑/白石神君碑/小黄门谯敏碑）、光明（严䜣碑/幽州刺史朱龟碑）、炳明（巴郡太守樊敏碑）、贤明（都乡孝子严举碑）、休明（樊毅修华岳碑）。

【清】

清和（孔褒碑/酸枣令刘熊碑/桐柏淮源庙碑/上言复华下民租田口算状/稿长蔡湛颂）、清闲（白石神君碑）、清洁（费凤别碑/稿长蔡湛颂）、清明（武氏石室祥瑞图题字）、清凉（成阳灵台碑）、清廉（武氏石室祥瑞图题字）、清妙（郭泰碑/郎中马江碑/孔谦碑）、清白（严䜣碑/赵相雍劝阙碑）、清平（西狭颂）、清寂（老子铭）、清眇（郎中郑固碑）、清约（平都侯相蒋君碑/国三老袁良碑）、清静（嵩高山开母庙石阙铭）、清俭（金广延母徐氏纪产碑）、清邈（鲁峻碑/国三老袁良碑）、清修（酸枣令刘熊碑）、清厉（议郎元宾碑）、清肃（校官碑/淳于长夏承碑）、清介（荆州从事苑镇碑）、清惠（绥民校尉熊君碑/闻喜长韩仁碑）、清虚（绥民校尉熊君碑）、约清（孝廉柳敏碑）、密清（樊毅修华岳碑）、俭清（巴郡太守樊敏碑）、穆清（圉令赵君碑/嵩高山开母庙石阙铭）、纯清（平都侯相蒋君碑）。

我们将以上东汉碑刻形容词性的同根素构成双音同根形容词的情况列表如下：

| 构成621个同根形容词的同根素的构词数量 | 构成621个同根形容词的同根素数量 | 构词同根素在163个同根素中所占的百分比 |
| --- | --- | --- |
| 构词数为8个以上 | 14个 | 8.59% |
| 构词数为7个 | 6个 | 3.68% |
| 构词数为6个 | 7个 | 4.29% |
| 构词数为5个 | 17个 | 10.42% |
| 构词数为4个 | 27个 | 16.56% |
| 构词数为3个 | 50个 | 30.67% |
| 构词数为2个 | 42个 | 25.77% |

如上所示，东汉碑刻中同根形容词的同根素的构词能力呈不均衡分布。我们以构词在5个以上的同根素作为高频率词根，通过分析发现，这些高频率词根表现出如下特点：

一是语义的多义性和常用性。

首先，东汉碑刻中构词在2～4个之间同根形容词的同根素有119个，其中以1个义项入词的同根素有87个，占73.11%；以2个以上义项入词的同根素有32个，占26.89%。构词在5个以上的同根形容词的同根素有44个，其中以1个义项入词的同根素有29个，占65.91%；以2个以上义项入词的同根素有15个，占34.09%。表示如下：

| 同根素入词义项 | 构词在2～4个之间的同根素所占百分比 | 构词在5个以上的同根素所占百分比 |
|---|---|---|
| 1个义项 | 73.11% | 65.91% |
| 2个以上的义项 | 26.89% | 34.09% |

由上所示，以2个以上义项入词、构词在5个以上的高频率词根所占比例明显增大，在语义上呈现出多义性的特点。如构词数最多的词根“清”在东汉碑刻中入词的义项就多达6个，兹列举如下：

一为“清凉”义，存在于复合词“清凉”中：

①地致石墠，其下清凉，可舞八□以□大章。（成阳灵台碑）

一为“清明，洁净”义，存在于复合词“清和”中：

②清和挺懿，固天□，□□□□，幽赞□□。（孔褒碑）

③天地清和，嘉祥昭格。（桐柏淮源庙碑）

④雪未消泽，时日清和，神欢民喜，诚圣朝劳神日昃，广被四表，覆毓之德，神人被施，遐迩大小，莫不幸甚。（上言复华下民租田口算状）

⑤齐俗以殊礼，□□□良□足而思节，为恶迎化而移心，□风清和而琬琰，时雨应气而投间，嘉祥臻□□□□生。（稿长蔡湛颂）

一为“安静，清静”义，存在于复合词“清闲”、“清寂”、“清虚”、“清静”中：

⑥华殿清闲，肃雍显相。（白石神君碑）

⑦显虚无之清寂，云先天地而生，乃守真养寿，获五福之所致也。（老子铭）

⑧清虚澹泊，后嗣式序。（绥民校尉熊君碑）

⑨□□□其清静，九域乢其修治。（嵩高山开母庙石阙铭）

一为“清高，清廉”义，存在于复合词“清平”、“清约”、“清俭”、“清邈”、“清修”、“清厉”、“清肃”、“清介”、“清惠”、“清廉”等中：

⑩至赵国府君，在官五载，莅政清平，有甘棠之化，年四十五，卒于官。（赵相雍劝阙碑）

⑪平□□□□□□□□□□□季文之清约。（平都侯相蒋君碑）

⑫往者王尊发纵于平阳，清约藩辅，其节衎然。（国三老袁良碑）

⑬又少入金氏门，承清俭之后。（金广延母徐氏纪产碑）

⑭督司京师，穆然清邈，当口绲职，为国之榷。（鲁峻碑）

⑮贪究革情，清修劝慕，德惠潜流，鬯芳旁布。（酸枣令刘熊碑）

⑯其思辩论□□文章烂［下缺］孝廉亢弘名于三署，扬清厉于海内，除仓龙司马，诏［下缺］试经第一。（议郎元宾碑）

⑰察廉除兹，初厉清肃。（校官碑）

⑱所在执宪，弹绳纠枉，忠洁清肃，进退以礼，允道笃爱，先人后己，克让有终。（淳于长夏承碑）

⑲膺姿管、苏，靖供卫上，方平不阿，严而不（缺），清介之□，皦然发越。（荆州从事苑镇碑）

⑳典历三城，居官清惠，遗爱在民。（绥民校尉熊君碑）

㉑［下缺］勒异行，勖厉清惠，以旌其美。（闻喜长韩仁碑）

㉒［上缺］盈，王者清廉则出。（武氏石室祥瑞图题字）

一为“太平”义，存在于复合词“清平”中：

㉓三国清平，咏歌懿德。（西狭颂）

一为“纯洁”义，存在于复合词“清洁”、“清妙”、“清眇”、“清白”等中：

㉔清洁皦尔，泥而不滓。（费凤别碑）

㉕躬清洁以革秽，班五礼以齐众。（稿长蔡湛颂）

㉖委辞召贡，保此清妙。（郭泰碑）

㉗暨于君身，干灵特挺，岐嶷有度，玄然清妙。（郎中马江碑）

㉘幼体兰石自然之姿，长膺清妙孝友之行，祖述家业，修《春秋经》，升堂讲诵，深究圣指。（孔谦碑）

㉙清眇冠乎群彦，德能简乎圣心。（郎中郑固碑）

㉚君体性慈仁，常容□□，忠公清白，好善博爱。（严䜣碑）

其次，正如上表所示，也有一部分构词在5个以上的同根素仅以1个义项构词，意义比较单一，但因其在碑刻语体中常用，使用频率比较高，也构成了较多的同根形容词。这样的同根素有“仁”、“廉”、“恪”、“忠”、“悲”、“恭”、“怆”、“贞”、“肃”等。如“怆”以“悲伤”义构成了8个同根形容词：

①于是君平，竭凯风以惆懰，惟蓼仪以怆恨，恃闾郭藏，造作堂宇，增土种柏，孝心达冥，平石上见神蛇，有顷复亡。（梁相孔耽神祠碑）
②松柏□冥，涕泣怆凄。（平都侯相蒋君碑）
③朋徒潺湲，士女怆悲。（繁阳令杨君碑）
④同胞恻怆，涕泪交零。（安平相孙根碑）
⑤凡百惨怆，同时感伤，九族内外，莫不绝伤。（广汉属国侯李翊碑）
⑥凡百凄怆，痛乎何辜。（益州太守高颐碑）
⑦咸怀伤怆，远近哀同。（汉故执金吾丞武荣碑）
⑧百寮叹伤，圣朝愍怆。（外黄令高彪碑）

二是位置的灵活性。

构词在5个以上的同根形容词的44个同根素中，同根素的位置只能前置或后置的仅有温、远、聪、达、显、忠、苦、弘等8个，占18.18%。位置可前可后的同根素有36个，占81.82%，如优、易、恻、峻、谦、隆、洁、安、康、哀、怆、危、恭、伤、明、难、廉、仁、柔、慈、勤、光、微、笃、惠、懿、荣、欢、和、茂、俭、高、平、贞、肃、清等。而构词在2~4个的同根形容词的119个同根素中，同根素的位置可前可后的只有42个，如去除其中的同素异序词的同根素（如：直方、方直，宠荣、荣宠，葱青、青葱，俭节、节俭，辛酸、酸辛，戚哀、哀戚，怆凄、凄怆，简易、易简，炽昌、昌炽，艾康、康艾），位置可前可后的同根素就仅剩32个，占26.89%。表示如下：

| 同根素构词的位置 | 构词在2~4个之间的同根素所占百分比 | 构词在5个以上的同根素所占百分比 |
| --- | --- | --- |
| 只能前置或后置 | 64.71% | 18.18% |
| 位置可前可后 | 26.89% | 81.82% |

如上所示，位置可前可后的同根素中，构词在5个以上的同根素所占百分比远远大于构词在2~4个之间的同根素所占百分比，这显示出高频率词根的位置更加灵活。

## 二、同根素义项的性质特点与同根词的形成

东汉碑刻同根形容词同根素入词的义项性质并不相同，有的是本义，有的是基本义，有的是引申义，有的是比喻义。所谓基本义就是最常用、最主要的意义，它与本义、引申义和比喻义的关系错综复杂，如单就基本义的来源来说，基

本义可能就是本义，也可能不是；基本义或是原有义中的引申义，或是原有义的比喻义等。这里我们重点考察同根素的基本义和引申义的构词情况。如同根素“安”共构成“安宁”、“安乐”、“安危”、“安稳”、“靖安”、“艾安”6个同根形容词，如：

①粟升五钱，国界安宁。（白石神君碑）

②百姓安乐，不劳不烦。（汉安长陈君阁道碑）

③原度天道，安危所归。（司隶校尉杨孟文石门颂）

④九年四月成就，益州东至京师，去就安稳。（鄐君开褒斜道摩崖刻）

⑤内外靖安，必□□□我君高迁，取公［缺］侯，福流后昆，万寿无疆，干禄亿年。（蜀郡属国辛通达李仲曾造桥碑）

⑥慰绥朔狄，边宇艾安。（鲜于璜碑）

例①、②、⑤和例⑥中的“安”乃“安定”义，是“安”的基本义；而例③和例④中的“安”乃“平安”义，是“安”的引申义。为行文方便，我们把以基本义构词的同根素称为基本义构词，把以引申义构词的同根素称为引申义构词。

### （一）以基本义构词的同根素情况分析

东汉碑刻同根形容词类聚体中，以基本义构词的同根素有75个，占构成同根形容词同根素的46.01%。例如：

（1）狭→逼狭、窄狭、狭少。

①奉见庙祠，崎岖逼狭。（桐柏淮源庙碑）

②以传窄狭，不足处尊卑，庙舍旧久，墙屋倾亚，世室不修，《春秋》作讥。（樊毅修华岳碑）

③耕殖狭少，［缺］修产业，夫妇勤苦，积入成家。（金广延母徐氏纪产碑）

（2）窄→迫窄、逼窄、窄狭。

①故茔迫窄，兆告斯士，先君之庚地［缺］处还敞□□□□□神，东看祖祢，西眷旧庐。（郎中马江碑）

②处所逼窄，屑窣有声。（西岳华山亭碑）

③以传窄狭，不足处尊卑，庙舍旧久，墙屋倾亚，世室不修，《春秋》作讥。（樊毅修华岳碑）

（3）丰→丰盈、丰穰、丰茂。

①年谷岁熟，百姓丰盈。（白石神君碑）

②子子孙孙，百谷丰穰。（蜀郡属国辛通达李仲曾造桥碑）

③德化流行，盗贼［缺］少，五谷丰茂，百姓晏然，各得其所。（汉安长陈

君阁道碑）

（4）怛→忉怛、恻怛、惨怛。

①孝嗣夙夜，不舍严父，孝孙临殡，礼服承后，忉怛有感。（安平相孙根碑）

②天子闵悼恻怛，内发手笔为策，□涕咨嗟。（太尉刘宽碑）

③其弟婴、弟东、弟强与父母并力奉遗，悲哀惨怛，竭孝，行殊，义笃，君子喜之。（山东嘉祥出土东汉永寿三年画像石题记）

（5）恬→恬淡、恬静、恬虚、恬默。

①或有恬淡，养皓然兮。（三公山碑）

②恬静湛泊，匪偟时荣。（冀州从事张表碑）

③恬虚守约，五十以学。（外黄令高彪碑）

④熙精恬默，潜庸底昭，德以莅政，俾民是□。（太尉刘宽碑）

（6）恻→恻怆、恻怛、哀恻、惨恻。

①同胞恻怆，涕泪交零。（安平相孙根碑）

②天子闵悼恻怛，内发手笔为策，□涕咨嗟。（太尉刘宽碑）

③凡百君子，靡不哀恻。（北军中侯郭仲奇碑）

④［上缺］四月十一日戊子到官，谒孔子冢［下缺］［上缺］念殁亲，五内惨恻，霰然陨涕。（司空孔扶碑）

其他如："阜"与"丰阜"、"繁阜"，"炎"与"炎煴"、"炎赫"，"恕"与"廉恕"、"慈恕"，"艾"与"艾康"、"艾安"，"顺"与"柔顺"、"恭顺"，"毅"与"刚毅"、"果毅"，"迫"与"促迫"、"迫窄"，"狡"与"奸狡"、"狡猾"，"虐"与"凶虐"、"强虐"，"虔"与"虔恪"、"虔恭"，"哲"与"明哲"、"叡哲"、"聪哲"，"贫"与"贫富"、"贫苦"、"困贫"，"曲"与"屈曲"、"委曲"、"回曲"，"寂"与"寂静"、"清寂"、"寂谧"，"久"与"永久"、"长久"、"久远"，"怖"与"忧怖"、"慑怖"、"怖畏"，"硕"与"硕茂"、"硕大"、"博硕"，"淑"与"淑灵"、"淑慎"、"淑美"，"慎"与"谨慎"、"淑慎"、"肃慎"，"好"与"妙好"、"美好"、"茂好"，"厄"与"困厄"、"穷厄"、"厄急"，"长"与"长久"、"深长"、"悠长"、"短长"，"忠"与"忠信"、"忠弼"、"忠贞"、"忠洁"、"忠謇"、"忠允"、"忠惠"，"悲"与"悲哀"、"悲恸"、"悲恨"、"悲悼"、"悲伤"、"悲切"、"悲痛"、"怆悲"、"孤悲"、"楚悲"等。

以上以基本义构词的同根素在结构上还有一个重要的特点，那就是多同素异序词，如"怆凄"和"凄怆"、"肃恭"和"恭肃"、"俭节"和"节俭"、"俭清"和"清俭"、"俭约"和"约俭"、"欢欣"和"欣欢"、"清约"和"约清"、"勤恪"和"恪勤"、"恭恪"和"恪恭"、"辑宁"和"宁辑"、"沾优"

和“优沾”、“炽昌”和“昌炽”、“祗肃”和“肃祗”、“葱青”和“青葱”等14组。这说明同根素以基本义构成的同根形容词的两个语素的组合还比较自由松散，结合不够紧密，同根素与其构成的复合形容词还处在一个选择凝固的过渡阶段。

### （二）以引申义构词的同根素情况分析

东汉碑刻同根形容词类聚体中，以引申义构词的同根素有88个，占构成同根形容词同根素的53.98%。这类同根形容词的意义不是其组合词素义的简单相加，而是其组合词素义的熔铸引申，即经过整合后产生出一个新的意义。

如同根素“平”共构成同根形容词“敞平”、“平直”、“平易”、“平端”、“端平”、“太平”、“清平”、“正平”、“平康”、“平夷”、“平均”等11个。如：

①岳朝綦阳，厥土敞平。（张公神碑）

②由是小徯乃平直，大道允通利，抱布贸丝，交易而至，升涉周旋，功万于前。（桂阳太守周憬功勋铭）

③或解高格，下就平易，行者欣然焉。（司隶校尉杨孟文石门颂）

④隤高夷宂，显敞平端。（成皋令任伯嗣碑）

⑤因缮旧室，整顿端平。（西岳华山亭碑）

⑥佥曰太平兮，文翁复存。（析里桥郙阁颂）

⑦至赵国府君，在官五载，莅政清平，有甘棠之化，年四十五，卒于官。（赵相雍劝阙碑）

⑧三国清平，咏歌懿德。（西狭颂）

⑨其辞曰：于穆君德，姿履正平。（金乡长侯成碑）

⑩遂迁宰国，五教在仁，啬民（用）彰，家用平康。（鲜于璜碑）

⑪续遇畔兵朱盖等建［下缺］三牧二守零陵之宜初□阻□，土地平夷，编木为城。（太尉陈球后碑）

⑫繇赋平均，黔庶不扰，基月有成。（成皋令任伯嗣碑）

其中“敞平”、“平直”、“平易”、“平端”、“端平”、“平夷”中的“平”以基本义构词，即“表面没有高低凹凸、不倾斜”义；而其余例中的“平”则以引申义入词，如例⑥的“太平”，例⑧的“清平”，例⑩的“平康”中的“平”乃“没有危险、和平安稳”义，例⑦“清平”，例⑨“正平”中的“平”乃“公正、端正”义，例⑫“平均”中的“平”乃“没有多少分别”义等。

以引申义构词的还有“辛”与“酸辛”、“辛酸”，“炽”与“炽藐”、“炽昌”，“宽”与“宽弘”、“宽猛”，“朗”与“宣朗”、“高朗”，“周”与“周密”、“周厚”，“寒”与“饥寒”、“心寒”，“齐”与“肃齐”、“整齐”，“方”与“直方”、“方直”，“昭”与“昭达”、“昭明”，“厉”与“清厉”、“壮厉”、“高厉”，“壮”与“壮厉”、“壮勇”、“崇壮”，“固”与“贞固”、“纯固”，“剥”与“剥摧”、“摧剥”、“切剥”，“痛”与“切痛”、“惨痛”、“悲痛”、“痛伤”，“精”与“精诚”、“精密”、“精横”，“密”与“周密”、“精密”、“密清”，“光”与“荣光”、“光大”、“光耀”、“光明”，“温”与“温仁”、“温慈”、“温恭”、“温良”、“温润”，“洁”与“廉洁”、“忠洁”、“高洁”、“修洁”，“微”与“幽微”、“中微”、“衰微”、“精微”、“微弱”、“微妙”，“切”与“切痛”、“切剥”、“切伤”、“伤切”、“恸切”、“感切”、“悲切”，“纯”与“纯固”、“纯质”、“纯懿”、“纯和”、“纯淑”、“纯笃”、“纯清”、“朴纯”，“直”与“贞直”、“正直”、“质直”、“方直”、“直方”，“明”与“著明”、“照明”、“清明”、“高明”、“圣明”、“钦明”、“达明”、“显明”、“昭明”、“炳明”、“贤明”、“休明”、“明哲”、“明敏”、“明叡”、“明允”、“明达”，“高”与“高藐”、“高明”、“高朗”、“高邵”、“高洁”、“高厉”、“高丽”、“高贤”等。

## 三、结论

由上可以看出，东汉碑刻同根形容词类聚体有几点值得我们注意：

（1）能构成东汉碑刻同根形容词的同根素有 163 个，且由其构成的双音同根形容词达 621 个，产生出了一个数量可观的同根形容词类聚体，形成了东汉碑刻形容词的一个鲜明特点。同时也说明，这些同根素构词能力的大大增强是东汉碑刻双音形容词得以大量产生的一个重要原因，从另一个方面加快了单音节词复音化的进程。

（2）东汉碑刻同根形容词的同根素构词能力不平衡，其中入词义项在 2 个以上、构词在 5 个以上的高频词根所占比例明显增大，在语义上也呈现出多义性的特点；位置比较自由，构词在 5 个以上的同根形容词的 44 个同根素中，位置可前可后的同根素有 36 个，占 81.82%。

（3）东汉碑刻同根形容词类聚体中，以基本义构词的同根素 75 个，仅占构成同根形容词同根素的46.01%，且以同根素基本义构成的复音形容词结构相对松散，存在数量较多的同素异序词，说明这部分词正处在由词组向词转变的过渡时期；以同根素引申义构成的复音形容词凝结力强，以引申义构词的同根素有88个，占构成同根形容词同根素的53.98%，这说明在东汉碑刻中，以同根素引申义构词是东汉碑刻同根复音形容词衍生的主要途径。

# 第五章　东汉碑刻复音形容词与《汉语大词典》编撰

《汉语大词典》是迄今为止收词最全面且质量最高的一部大型的、历史性的汉语词典。正如其前言所说："所收条目力求义项完备，释义确切，层次清楚，文字简练，符合辞书科学性、知识性、稳定性的要求"，力求"古今兼收，源流并重"。《汉语大词典》有如此高的成就，其中一个重要的原因就是该词典书证引例所涉范围广泛，编者除了传世文献外，还注意到了对出土文献材料的利用，其中就包括东汉碑刻。单就东汉碑刻复音词而言，《汉语大词典》以东汉碑刻语料中的例子作为第一书证的达 110 多个，但我们在研读东汉碑刻过程中，发现《汉语大词典》还是未能充分利用东汉碑刻语料。下面我们就东汉碑刻中的复音形容词，逐一对照《汉语大词典》，从书证、义项及释义等方面进行揭示，以从一个侧面揭示东汉碑刻在编纂大型辞书上的重要价值，也为日后修订大型辞书提供一方面的资料。

## 第一节　《汉语大词典》书证迟后的形容词

《汉语大词典》在词条书证中都尽量使用最早例证，以显示其词条的历史渊源。但中华民族有着悠久的历史，古代典籍浩如烟海，由于各种条件的限制，要真正做到这一点是有相当难度的。这样，就有部分词语引例较实际出现的年代要晚了很多，有的甚至晚了上千年的时间，这无疑不利于汉语词语的溯源。我们在研读东汉碑刻时发现《汉语大词典》（以下简称《大词典》）一些词语所使用的始见例就晚于东汉碑刻用例，东汉碑刻可以给它们提供更早的书证。这样的词语有：

**【厄急】**

公房乃先归于谷口，呼其师，告以厄急。（仙人唐公房碑）

厄急，乃艰难急迫义。《大词典》首举且仅以清蒲松龄《聊斋志异·胡四娘》为书证："程十余年历秩清显，凡遇乡党厄急，罔不极力。"

**【充肥】**

一岁四祠，养牲百日，常当充肥，用谷槁千余斛。（上言复华下民租田口算状）

充肥，肥胖、壮实的意思《大词典》举《后汉书·董卓传》为始见书证："卓素充肥，脂流於地。"

**【潺湲】**

六泷作难，湍濑潝潝，泫沄潺湲，虽《诗》称百川沸腾，高岸为谷，深谷为陵，盖莫若斯。（桂阳太守周憬功勋铭）

潺湲，流水声。《大词典》于该义项下举唐岑参《过缑山王处士黑石谷隐居》诗为始见书证："独有南涧水，潺湲如昔闻。"

**【明敏】**

天姿明敏，敦《诗》说《礼》，膺禄美厚，继世郎吏。（西狭颂）

明敏，即聪明机敏。《大词典》举《北齐书·文宣帝纪》为始见书证："〔文宣〕内虽明敏，貌若不足，世宗每嗤之。"

**【贞直】**

进则贞直，退则错枉，祟举济济，吉士充朝。（桂阳太守周憬功勋铭）

贞直，乃忠贞正直之意。《大词典》举《后汉书·吴佑延笃等传论》为始见书证："夫刚烈表性，鲜能优宽，仁柔用情，多乏贞直。"

**【寂静】**

①延熹五年七月迁来临县，正身帅下，赏恭罚否，存恤寒苦，□□□右，官朝寂静，奸轨检手。（成皋令任伯嗣碑）

②彊界寂静和睦［缺］，朝歌、荡阴及黎阳。（张公神碑）

寂静，乃安静义。《大词典》举唐谷神子《博异志·马侍中》为始见书证："四更，东方月上，燧觉寂静，乃出而去，见人马骨肉狼藉。"

**【虚荒】**

以大并小，相县虚荒。（老子铭）

虚荒，义为荒芜、荒废。《大词典》举北魏郦道元《水经注·阴沟水》为始见书证："边韶《老子碑》文云：'老子，楚相县人也。'相县虚荒，今属苦，故城犹存，在赖游乡之东。"

**【峻峭】**

①政由豹产，邦□□□七州喉□，衢路委蛇，郑河阻凶，崩阤亏啮，峻峭危难。（成皋令任伯嗣碑）

②增峻峭兮甚岖崎，鲧莫涉兮禹不规。（桂阳太守周憬功勋铭）

峻峭，乃高耸、陡峭义。《大词典》首举晋葛洪《抱朴子·微旨》为书证："苟所不逮者，虽日月丽天之照灼，嵩岱干云之峻峭，犹不能察焉。"

**【殷润】**

钟天地之美，收九泽之利，以殷润国家，家富人喜，优游乐业。（楚相孙叔

敖碑）

殷润，即富裕义。《大词典》首举且仅举清朱象贤《闻见偶录·毁禁邪神》为书证："高邮李毛保母，为五通所据，屡除治不能，然所欲无不立致，家渐殷润。"

【恭肃】

①季冬己巳，弘农太守河南樊君讳毅，字仲德，下车之初，恭肃神祀。（西岳华山亭碑）

②河岳降祚，幼而有跆，孝弟恭肃，与性俱成。（司隶从事郭究碑）

③恭肃神祇，敬而不怠。臣以神岳至尊，宜加恭肃，辄遣行事荀斑与华阴令先说以渐缮治。（上言复华下民租田口算状）

恭肃，义为恭敬严肃。《大词典》举《后汉书·皇后纪上·和熹邓皇后》为始见书证："恭肃小心，动有法度。"

【骄满】

朕追痞社稷之重，恐有交会诸国王侯，开导以骄满之渐，令奸邪因缘生慝，相以显选，简练内升。（国三老袁良碑）

骄满，乃骄傲自满之义。《大词典》举《后汉书·皇后纪赞》为始见书证："咎集骄满，福协贞信。"

【骇惊】

饮清泉兮□□□，见缺伏兮不骇惊。（张公神碑）

骇惊，犹惊骇义。《大词典》举《文选·左思〈吴都赋〉》"骇鸡之珍"李善注引汉宋衷曰："角有光，鸡见而骇惊也。"此为始见书证。

【皦白】

咸以孝廉，公府茂选，贞亮皦白，翼翼瑛彦，配周之八，为国桢干。（北军中侯郭仲奇碑）

皦白，为洁白义。《大词典》举唐韩愈《贺徐州张仆射白兔书》为始见书证："伏闻今月五日，营田巡官陈从政献瑞兔，毛质皦白。"

【优隆】

①绪德之尊，大华优隆。（西岳华山亭碑）

②朝有公卓，家有参、骞，分郑之治，优隆于君。（汉成阳令唐扶颂）

优隆，乃高贵、尊贵义。《大词典》于该义项举唐李德裕《谢恩加特进阶状》为始见书证："伏以汉氏之制，勋望优隆，则位加特进，服以文冕。"

【明肃】

君幼有岐嶷天然之资，长有明肃弘雅之操，刚毅多略，有山甫之纵，沈懿敦笃，为万夫之望。（北军中侯郭仲奇碑）

明肃，义为清明严肃。《大词典》举《南史·江革传》为始见书证：“〔江革〕为政明肃，豪强惮之。”

【弘雅】

君幼有岐嶷天然之资，长有明肃弘雅之操，刚毅多略，有山甫之纵，沈懿敦笃，为万夫之望。（北军中侯郭仲奇碑）

弘雅，义犹高雅。《大词典》举《后汉书·周荣传》为始见书证：“臣伏惟古者帝王有所号令，言必弘雅，辞必温丽。”

【沈深】

①津缺满首，□□□□□□□阿，逆流沈深。（蜀郡属国辛通达李仲曾造桥碑）

②及其上也，则群辈相随，檀柁提缺，唱号慷慨，沉深不前。（桂阳太守周憬功勋铭）

沈深，义即极深。《大词典》举《周书·杨忠传》：“状貌瑰伟，武艺绝伦，识量沉深，有将帅之略。”“沉深”即“沈深”，此例为始见书证。

【险夷】

乾坤剖兮建两仪，刚柔分兮有险夷。（桂阳太守周憬功勋铭）

险夷，乃“崎岖与平坦”义。《大词典》举元刘祁《归潜志》卷十三为始见书证：“晡至林虑山，横峙天西，如城壁相衔，争雄角锐，泼黛凝青，而高下险夷不一。”

【馥芬】

①质珪玉，性馥芬。（相府小史夏堪碑）

②性发兰石，生自馥芬。（帝尧碑）

馥芬，义犹芳香。《大词典》首举且仅举《文选·苏武〈诗〉之四》“馥馥我兰芳”李善注引《韩诗》为书证：“馥芬孝祀。”

【繁茂】

①光武中兴，玄孙霸为临淮太守，拥兵从光武平定天下，转拜执法右刺奸、五威司命、大司徒公，封于陵侯，枝叶繁茂，或家河淯，或邑山济。（金乡长侯成碑）

②封陈兴齐，枝叶繁茂。（冀州刺史王纯碑）

繁茂，义为繁密茂盛。《大词典》首举晋潘岳《射雉赋》为始见书证：“绿柏参差，文翮鳞次，萧森繁茂，婉转轻利。”

【勤恪】

束修勤恪，在公明明。（冀州从事郭君碑）

勤恪，乃勤勉恭谨义。《大词典》举《后汉书·袁绍传》为始见书证：“勤恪之功，不见书列，而州郡牧守，竞盗声名。”

【沈懿】

君幼有岐嶷天然之资，长有明肃弘雅之操，刚毅多略，有山甫之纵，沈懿敦笃，为万夫之望。（北军中侯郭仲奇碑）

沈懿，义为深沉。《大词典》举三国吴韦昭《〈国语解〉叙》为始见书证："左丘明因圣言以摅意，托王义以流藻，其渊源深大，沉懿雅丽，可谓命世之才，博物善作者也。"

【宽猛】

①赏善罚否，宽猛协中。（平都侯相蒋君碑）

②宽猛以济，藐矣惟清。（平舆令薛君碑）

③所在先阳春以布化，后秋霜以宣威，宽猛惟中，五教时序，功洽三邦，闻于帝京。（太尉杨震碑）

④故望大和则侯生毓，晞严霜则畏辜戮，欣悦竦栗，宽猛必衷。（沛相杨统碑）

⑤宽猛不主，德义是经。（卫尉衡方碑）

宽猛，义即宽大与严厉。《大词典》举《后汉书·循吏传·王涣》为始见书证："永元十五年，从驾南巡，还为洛阳令。以平正居身，得宽猛之宜。"

【廉约】

①时丞冯卿，廉约勤勤。（汉安长陈君阁道碑）

②禀性干元，世世廉约，故能高如不危，满如不溢。（济阴太守孟郁修尧庙碑）

廉约，乃廉洁俭约义。《大词典》举《后汉书·蔡遵传》为始见书证："遵为人廉约小心，克己奉公，赏赐辄尽与士卒。"

【纯质】

秦兼天下阙和之纯质，秉黄中之正性。（荆州刺史度尚碑）

纯质，即单纯质朴。《大词典》引南朝梁刘勰《文心雕龙·书记》为始见书证："契者，结也。上古纯质，结绳执契。"

【哀恸】

昆嗣切剥，哀恸感情。（金乡长侯成碑）

哀恸，谓悲痛至极。《大词典》举《后汉书·蔡遵传》为始见书证："车驾素服临之，望哭哀恸。"

【殊特】

帝用嘉之，显拜殊特。（郎中郑固碑）

殊特，即特殊，与众不同。《大词典》举《后汉书·皇后纪上·章德窦皇后》为始见书证："后宠幸殊特，专固后宫。"

【清俭】

又少入金氏门，承清俭之后。（金广延母徐氏纪产碑）

清俭，义为清廉俭约。《大词典》举《后汉书·蔡茂传》为始见书证："［茂］代戴涉为司徒，在职清俭匪懈。"

【切痛】

□代不立，言之切痛，伤念□谓。（□通封记）

切痛，即极为伤痛。《大词典》举《后汉书·黄琼传》为始见书证："贤愚切痛，海内伤惧。"

【葱青】

茂林葱青，仓气蔚伊□。（无极山碑）

葱青，青翠茂盛貌。《大词典》举三国魏阮籍《东平赋》为始见书证："瞻荒榛之荒秽兮，顾东山之葱青。"

【繁昌】

①本枝繁昌，延庆长久。（樊毅修华岳碑）

②子孙繁昌，永不漫灭。（孝廉柳敏碑）

繁昌，义为繁荣昌盛。《大词典》举《后汉书·阴识传》为始见书证："子方常言'我子孙必将强大'，至识三世而遂繁昌。"

【炽昌】

子子孙孙，卑尔炽昌。（校官碑）

炽昌，义即昌盛。《大词典》举唐刘禹锡《代郡开国公王氏先庙碑》为始见书证："自汉涉魏，益以炽昌。"

【清平】

①至赵国府君，在官五载，莅政清平，有甘棠之化，年四十五，卒于官。（赵相雍劝阙碑）

②三国清平，咏歌懿德。（西狭颂）

清平，例①为廉洁公正义。《大词典》于该义项后举《后汉书·鲁恭传》为始见书证："迁光禄勋，选举清平，京师贵族莫能枉其正。"例②乃太平义。《大词典》于该义项下举汉班固《两都赋》序为始见书证："臣窃见海内清平，朝廷无事。"

【苛烦】

笃缺稂秀，不为苛烦。（三公山碑）

苛烦，即苛刻繁琐义。《大词典》首举且仅举《乐府诗集·相和歌辞十四·雁门太守行》为书证："敕吏正狱，不得苛烦。"

【焕炳】

①矧乃孔子，玄德焕炳，光于上下。（鲁相史晨奏祀孔子庙碑）

②君体焕炳，有芬有馨。（汉成阳令唐扶颂）

③磥落焕炳，临疑独逝，故能光明越闻，显于区夏，英声□□□□□□公族。（幽州刺史朱龟碑）

④功绩焕炳，恩如浩仓。（济阴太守孟郁修尧庙碑）

焕炳，乃昭彰义。《大词典》举唐刘知几《史通·古今正史》为唯一书证："自是以来，春秋考纪亦以焕炳；而忠臣义士，莫之撰勒。"

【玄虚】

玄虚守静，乐无名，守不德，危高官，安下位，遗孔子以仁言，辟世而隐居，变易姓名，唯恐见知。（老子铭）

玄虚，谓性情恬静。《大词典》举《三国志·魏志·管宁传》为始见书证："太中大夫管宁应二仪之中和，总九德之纯懿……玄虚淡泊，与道逍遥。"

【清寂】

显虚无之清寂，云先天地而生，乃守真养寿，获五福之所致也。（老子铭）

清寂，义为清静冷落。《大词典》举南朝宋谢灵运《山居赋》为始见书证："山中兮清寂，群纷兮自绝。"

【忧怖】

不能阐弘德政，恢崇壹变，夙夜忧怖，累息屏营。（鲁相史晨奏祀孔子庙碑）

忧怖，乃忧愁害怕义。《大词典》举《后汉书·袁绍传》为始见书证："闻魏郡兵反……坐中客家在邺者，皆忧怖失色，或起而啼泣。"

【窄狭】

以传窄狭，不足处尊卑，庙舍旧久，墙屋倾亚，世室不修，《春秋》作讥。（樊毅修华岳碑）

窄狭，义为狭小、狭隘。《大词典》举唐杜甫《潼关吏》诗为始见书证："丈人视要处，窄狭容单车。"

【危骏】

羊窦道旧故南上高山，下入深谷，危骏回远，百姓患苦。（青衣尉赵孟麟羊窦道碑）

危骏，即"危峻"，高而险。《大词典》首举北魏郦道元《水经注·濡水》为书证："东南历石挺下，挺在层峦之上，孤石云举，临崖危峻，可高百余仞。"

【悲恸】

①遭孝桓大忧，屯守玄武，戚哀悲恸，加遇害气，遭疾陨灵。（汉故执金吾丞武荣碑）

②五年三□□□□孝孤忉乎，悲恸剥裂。（北军中侯郭仲奇碑）

悲恸，义即悲伤；悲伤痛哭。《大词典》举晋袁宏《后汉纪·明帝纪上》为始见书证："强薨问至，上与皇太后悲恸不自胜。"

【恬默】

熙精恬默，潜庸底昭，德以莅政，俾民是□。（太尉刘宽碑）

恬默，乃恬淡沉静义。《大词典》举晋葛洪《抱朴子·正郭》为始见书证："空背恬默之涂，竟无有为之益，不值祸败，盖其幸耳。"

【朴素】

公托受纯和之气，□有乐道宁俭之性，疾雕饰，尚朴素，轻荣利，重谦让。（太尉刘宽碑）

朴素，义即质朴，无文饰。《大词典》举《后汉书·皇后纪上·明德马皇后》为始见书证："广平、巨鹿、乐成王车骑朴素，无金银之饰。"

【敬恪】

敬恪恭俭，州里归称。（鲁峻碑）

敬恪，恭敬谨慎。《大词典》举《三国志·吴志·周鲂传》为始见书证："鲂以千载徼幸，得备州民，远隔江川，敬恪未显，瞻望云景，天实为之。"

【清惠】

①典历三城，居官清惠，遗爱在民。（绥民校尉熊君碑）

②［下缺］勒异行，勖厉清惠，以旌其美。（闻喜长韩仁碑）

清惠，即清廉仁惠。《大词典》首举北魏郦道元《水经注·渠》为始见书证："文字剥缺，不可悉识，其略曰：'惟兹陈国，故曰淮阳郡'云云。清惠著闻，为百姓畏爱。"

【纯笃】

腾守足退居，约身自持，遭离母忧，孝行纯笃。（费亭侯曹腾碑阴）

纯笃，义为纯朴笃实。《大词典》举《后汉书·朱穆传》为始见书证："是以虚华盛而忠信微，刻薄稠而纯笃稀。"

【回曲】

①乃命良吏，奖帅壮夫，排颓磐石，投之寥□，□高填下，凿截回曲，弼水之邪性，顺导其经脉，断硍□之电波，弱阳侯之汹涌。（桂阳太守周憬功勋铭）

②［缺］制由涪山上，随沿回曲［缺］危难经随［缺］险，登高望天，车马不通。（南安长王君子乡道碑）

回曲，义为迂回曲折。《大词典》举宋王安石《长干寺》诗为始见书证："梵馆清闲侧布金，小塘回曲翠文深。"另举宋苏辙《书论》："其言回曲宛转。"

**【凄怆】**

①文平感渭阳，凄怆益以甚。（费凤别碑）

②学夫丧师，士女凄怆。（敦煌长史武斑碑）

③吏民怀慕，官属五从黄郭□□奚汤［缺］扶送灵［缺］，哀如雕伤，顾见农夫，泣泪路隅，皆怀凄怆，哀我惠君。（绥民校尉熊君碑）

④宗绪远近，凄怆失气。（戚伯著碑）

凄怆，即悲伤凄惨。《大词典》引唐裴铏《传奇·崔炜》为始见书证："主人谓崔炜曰：'子何所适而三秋不返？'炜不实告。开其户，尘榻俨然，颇怀凄怆。"

**【荒馑】**

冀土荒馑，道殣相望。（鲜于璜碑）

荒馑，即饥荒。《大词典》举《后汉书·朱晖传》为始见书证："永兴元年，河溢，漂害人庶数十万户，百姓荒馑，流移道路。"

**【炎赫】**

身冒炎赫火星之热，至属县巡行穷匮，陟降山谷，经营拔涉，草止露宿，扶活养餐千有余人。（武都太守耿勋碑）

炎赫，即炽热。《大词典》举《后汉书·质帝纪》为始见书证："自春涉夏，大旱炎赫，忧心京京。"

**【恬虚】**

恬虚守约，五十以学。（外黄令高彪碑）

恬虚，乃恬淡冲虚之义。《大词典》举《后汉书·刘平赵孝等传序》为始见书证："包性恬虚，称疾不起，以死自乞。"

**【怖畏】**

单于怖畏，四夷稽颡。（鲜于璜碑）

怖畏，即恐惧义。《大词典》举《后汉书·度尚传》为始见书证："刺史度尚惧磐先言，怖畏罪戾，伏奏见诬。"

**【惨恻】**

［上缺］四月十一日戊子到官，谒孔子冢［下缺］［上缺］念殁亲，五内惨恻，霰然陨涕。《司空孔扶碑》

惨恻，即忧戚、悲痛。《大词典》举晋陆机《〈愍思赋〉序》为始见书证："衔恤哀伤……故作此赋，以纾惨恻之感。"

**【繁阜】**

孝桓晏驾，□□□□躬亲功下缺司空乔玄，表公为河南［缺］惟明克［缺］公下［缺］遂作司空，通导水泉，稼啬繁阜，阴阳下缺致仕，赐荣而退。（太尉陈球碑）

繁阜，义即繁盛、繁多。《大词典》举《晋书·刑法志》为始见书证："有今之困，创愈可役，上准古制，随宜业作，虽已刑残，不为虚弃，而所患都塞，又生育繁阜之道自若也。"

【充衍】

仁义充衍，泽洽下缺德，世记其轨。（凉州刺史魏元丕碑）

充衍，义即充盈、丰足。《大词典》首举《宋史·安焘传》为始见书证："熙宁、元丰之间，中外府库，无不充衍。"

【清介】

膺姿管、苏，靖供卫上，方平不阿，严而不［缺］，清介之□，皦然发越。（荆州从事苑镇碑）

清介，谓清正耿直。《大词典》举三国魏刘劭《人物志·体别》为始见书证："清介廉洁，节在俭固，失在拘扃。"

【赳武】

彬文赳武，扶弱抑强。（校官碑）

赳武，形容雄健勇武。语本《诗·周南·兔罝》："赳赳武夫，公侯干城。"《大词典》举清魏源《圣武记》卷十四为始见书证："故雍正中，海内无盗贼之警，而边疆皆赳武之士。"

【凶虐】

季世不祥，米巫凶虐，续蠢青羌，奸狡并起，陷附者众。（巴郡太守樊敏碑）

凶虐，谓凶恶暴虐。《大词典》举南朝梁任昉《禅位诏》为始见书证："齐德沦微，危亡荐袭。隆昌凶虐，实违天地。"

【赫烈】

三老德业赫烈，克命先已，汁稽履化，难名兮而右九孙。（三老讳字忌日记）

赫烈，乃显著盛多貌、显赫貌。《大词典》举《三国志·吴志·张温传》为始见书证："年纪尚少，镇重尚浅，而戴赫烈之宠。"

【慓轻】

去年鲜卑连犯鄣塞，下缺过掩卒捣击，无距捍［下缺］率摄太守以下进退［下缺］鲁不表罪诛多拥［下缺］丽王宫，慓轻狡猾。（赐豫州刺史冯焕昭）

慓轻，谓慓悍轻捷。《大词典》举《太平御览》卷一五七引《河图括地象》为始见书证："荆扬：其音角征，其泉酸以苦，其气慓轻，其人声急。"

【悲切】

情悲切，著篇章。（相府小史夏堪碑）

悲切，义为哀痛。《大词典》举晋袁宏《后汉纪·和帝纪下》为始见书证："凭上书……辞甚悲切。上恻然感寤。"

【休隆】

累叶休隆，君胤其绪。（绥民校尉熊君碑）

休隆，义为美善昌隆。《大词典》举明张居正《翰林院读书说》为始见书证："方今治道休隆，德化浃洽。"

【荣光】

①灵永迈矣，享斯荣光。（荆州从事苑镇碑）

②乐是□□，恬此荣光。（敦煌长史武斑碑）

荣光，乃荣耀、光荣义。《大词典》于该义项下举唐李白《大猎赋》为始见书证："方将延荣光于后昆，轶玄风于邃古。"

【踊跃】

鱼岌岌兮踊跃见，振鳞尾兮游旴旴。（张公神碑）

踊跃，形容情绪高涨、热烈，争先恐后。《大词典》于该义项下举三国魏吴质《答东阿王书》为始见书证："耳嘈嘈于无闻，情踊跃于鞍马。"

【和协】

嘉澍优沾，利茂万物，阴阳和协，百姓赖福。（济阴太守孟郁修尧庙碑）

和协，即协调。《大词典》于该义项下举南朝宋鲍照《河清颂》为始见书证："谒荐郊庙，和协律吕。"

【辛酸】

念君之仁恩，闻君之陨隧，剥断而辛酸，复截缞麻杖，［缺］君之柩棺，扶号而竭［缺］，泣涕其□□。（堂邑令费凤碑）

辛酸，比喻痛苦悲伤。《大词典》于该义项下举三国魏阮籍《咏怀》之十三为始见书证："感慨怀辛酸，怨毒常苦多。"

【聪明】

加有聪明叡哲之才，博五经之滋味，览群书之要［下缺］图藉擒翰著作，时人莫能豫。（议郎元宾碑）

聪明，谓智力强、天资高。《大词典》于该义项举《后汉书·应奉传》为始见书证："奉少聪明，自为儿童及长，凡所经履，莫不暗记。"

【整齐】

整齐珪角，立朝进仕。（童子逢盛碑）

整齐，乃端正义。《大词典》于该义项举《醒世恒言·钱秀才错占凤凰俦》为始见书证："高赞见女儿人物整齐，且又聪明，不肯将他配个平等之人。"

【致诚】

尊卑有序，繁心致诚。（西岳华山亭碑）

致诚，谓极其真诚。《大词典》于该义项下仅举《二刻拍案惊奇》卷二四为始见书证："伯皋是致诚人，佛前至心祈祷。"

【安稳】

九年四月成就，益州东至京师，去就安稳。（鄐君开褒斜道摩崖刻石）

安稳，谓平安、安好。《大词典》于该义项举南朝宋刘义庆《世说新语·排调》为始见书证："行人安稳，布帆无恙。"

【自然】

①性天自然，断断休（阙）导之于乡，其誉日章。（冀州从事郭君碑）

②胎怀正气，生克自然。（童子逢盛碑）

③君少履天姿自然之正，帅礼不爽，好恶不愆，孝衷度衷，修身践言，龙德而学，不至于谷，浮游尘埃之外，皦焉氾而不俗。（博陵太守孔彪碑）

④幼体兰石自然之姿，长膺清妙孝友之行，祖述家业，修《春秋经》，升堂讲诵，深究圣指。（孔谦碑）

⑤念意自然，刻石铭碑，千载表绩，万古标记，福佑期思。（楚相孙叔敖碑）

⑥夫君子钦美，含歌如颂曰：君之德兮性自然，蹈仁义兮履朴纯。（梁相孔耽神祠碑）

自然，义为不拘束、不呆板、不勉强。《大词典》于该义项下举《后汉书·郎顗传》为始见书证："臣伏见光禄大夫江夏黄琼，耽道乐术，清亮自然，被褐怀宝，含味经籍。"

【永久】

穆穆圣苍［下缺］老名，永久弥光。（仓颉庙碑）

永久，即永远，时间上没有终止。《大词典》于该义项下举三国魏嵇康《答难养生论》为始见书证："被天和以自言，以道德为师友，玩阴阳之变化，乐长生之永久。"

【纵横】

岸参天兮无路徯，石纵横兮流洄洄，波隆隆兮声若雷。（桂阳太守周憬功勋铭）

纵横，多貌。《大词典》于该义项下举《文选·左思〈吴都赋〉》为始见书证："钩饵纵横，网罟接绪。"张铣注："纵横，言多也。"

【迫窄】

故茔迫窄，兆告斯士，先君之庚地［缺］处还敞□□□□□神，东看祖祢，西眷旧庐。（郎中马江碑）

迫窄，指范围小、狭窄。《大词典》于该义项后举宋欧阳修《相度并县牒》为始见书证："其余地里迫窄，人户凋零。"

【拳拳】

继姑入室，勤养拳拳。（李翊夫人碑）

拳拳，勤勉貌。《大词典》于该义项下举《后汉书·皇后纪上·明德马皇后》为始见书证："今数遭变异，谷价数倍，忧惶昼夜，不安坐卧，而欲先营外封，违慈母之拳拳乎！"

【不将】

雕芝华兮歼彦良，伊哲人兮寿不将。（冀州从事张表碑）

不将，犹不长。《大词典》于该义项后仅举唐元结《吕公表》"呜呼！使公平寿之不将也，天其未厌兵革，不爱苍生欤"之例。

【显耀】

旌之万祀，显耀永誉。（吉成侯州辅碑）

显耀，义为显赫荣耀。《大词典》于该义项下举《三国演义》第六八回为始见书证："是日，周泰大醉。权以青罗伞赐之，令出入张盖，以为显耀。"

【酸辛】

哀哀士俊，恻尔酸辛。（平舆令薛君碑）

酸辛，即心酸、悲苦。《大词典》于该义项下举三国魏阮籍《咏怀》之六四为始见书证："对酒不能言，凄怆怀酸辛。"

【耇老】

朝廷礼之，以君耇老，有机杖之赐。（吉成侯州辅碑）

耇老，犹高寿。《大词典》于该义项后举唐柳宗元《答周君巢饵药久寿书》为始见书证："虽不至耇老，其道寿矣。"

【高厉】

久游大学，藐然高厉，鲜于双匹。（汉故执金吾丞武荣碑）

高厉，谓崇高、高超。《大词典》于该义项后举三国魏刘劭《人物志·释争》为始见书证："然好胜之人，犹谓不然，以在前为速锐，以处后为留滞，以下众为卑屈，以蹑导为异杰，以让敌为迴辱，以陵上为高厉。"

【区别】

黄巾初起，烧平城市，斯县独全，子贱孔蔑，其道区别。（汉故谷城长荡阴令张君表颂）

区别，差别、不同。《大词典》于该义项举北齐李清《造报德象碑》为书证："二经混其无为，五纬彰其区别。"

【心寒】

临危枪砀，履尾心寒。（司隶校尉杨孟文石门颂）

心寒，义为害怕。《大词典》于该义项下举清陈梦雷《西洋贡狮子赋》为始见书证："譬则司直立朝，奸回志折；元戎当阃，逋寇心寒。"

【伤摧】

咳愤泣，忉怛伤摧。（淳于长夏承碑）

伤摧，悲伤义。《大词典》于该义项下引晋潘岳《寡妇赋》为唯一书证："顾影兮伤摧，听响兮增哀。"

【清肃】

①察廉除兹，初厉清肃。（校官碑）

②所在执宪，弹绳纠枉，忠洁清肃，进退以礼，允道笃爱，先人后己，克让有终。（淳于长夏承碑）

清肃，谓清正严明。《大词典》于该义项下举北魏杨衒之《洛阳伽蓝记·追先寺》为始见书证："〔东平王〕略为政清肃，甚有治声。"

【得当】

非礼之常，壹不得当。（山阳太守祝睦后碑）

得当，义为合适、恰当。《大词典》于该义项后首举清周中孚《郑堂札记》卷四为书证："起竹垞于今日，未知以吾言为得当否。"

【感切】

①寮党感切，凡百切伤。（外黄令高彪碑）

②肝碓意悲，感切伤心，瞻彼碑诔，怀之好音。（费凤别碑）

感切，谓伤感凄切。《大词典》于该义项下仅举明《初刻拍案惊奇》卷五为书证："尚书正为女儿骸骨无寻，又且女婿将到，伤痛无奈，忽见裴家苍头有书到，愈加感切。"

【光明】

①呜呼哀哉，［缺］何棠所宰临十城，布化垂光明。（严䜣碑）

②磦落焕炳，临疑独逝，故能光明越闻，显于区夏，英声□□□□□公族。（幽州刺史朱龟碑）

光明，乃荣耀、光彩义。《大词典》于该义项后举唐刘驾《励志》诗为始见书证："及时立功德，身后犹光明。"

【宏绰】

命□时生，雅度宏绰。（鲁峻碑）

宏绰，指气度宏大，《大词典》仅举南朝梁钟嵘《诗品》为始见书证："王草二下诗，并爱奇崭绝，慕袁彦伯之风。虽不宏绰，而文体剿净，去平美远矣。"

【祇翼】

明允笃诚，小心祇翼。（封丘令王元宾碑）

祇翼，犹敬慎。《大词典》引宋陈亮《廷对策》"朕以凉菲，承寿星付托之重，夙夜祇翼，思所以遵慈漠，蹈明宪者，甚切至也"之例为唯一书证。

【肃震】

佐翼牧伯，诸夏肃震。（豫州从事尹宙碑）

肃震，乃恭敬畏慎义。《大词典》仅举晋潘岳《藉田赋》为始见书证："森奉璋以阶列，望皇轩而肃震。"

【伤怆】

咸怀伤怆，远近哀同。（汉故执金吾丞武荣碑）

伤怆，为悲伤义。《大词典》仅举宋周辉《清波别志》卷中为书证："格固新奇，情亦伤怆。"

【谲权】

仲伯拨乱，蔡足谲权。（安平相孙根碑）

谲权，谓诡诈权变。《大词典》仅举《三国志·蜀志·秦宓传》为始见书证："《洪范》记灾，发于言貌，何战国之谲权乎哉。"

【惇懿】

惇懿允元，叡其玄秀。（博陵太守孔彪碑）

惇懿，即淳厚善良。《大词典》仅举宋苏舜钦《两浙路转运使司封郎中王公墓表》为始见书证："〔公〕幼而惇懿，不妄言笑。"

【威肃】

恩降乾太，威肃剥坤。（卫尉衡方碑）

威肃，乃庄重肃穆义。《大词典》引唐玄奘《大唐西域记·瞿萨旦那国》为唯一书证："中有佛坐像，高七尺余，相好允备，威肃嶷然，首戴宝冠，光明时照。"

【忠洁】

①外忠洁，内资亲。（北军中侯郭仲奇碑）

②所在执宪，弹绳纠枉，忠洁清肃，进退以礼，允道笃爱，先人后己，克让有终。（淳于长夏承碑）

忠洁，即忠直廉洁。《大词典》仅举明太祖《诚意伯诰》为始见书证："基累从征伐，睹列曜垂象，每言有准，多効劳力，人称忠洁。"

【雕伤】

吏民怀慕，官属五从黄郭□□奚汤［缺］扶送灵［缺］，哀如雕伤，顾见农夫，泣泪路隅，皆怀凄怆，哀我惠君。（绥民校尉熊君碑）

雕伤，凋伤。《大词典》仅举清顾炎武《关中杂诗》为始见书证："徂谢良朋尽，雕伤节士空。"

【忠弼】

文景之间，有张释之建忠弼之谟，帝游上林，问禽狩所有，苑令不对。（汉

故谷城长荡阴令张君表颂）

忠弼，义为忠诚辅佐。《大词典》仅举唐毛杰《与卢藏用书》为书证：“帝曰尔谐，擢为近侍。所以从容禁省，出入琐闱，忠弼在躬，优柔荐及。”

【哀慛】

□旐翩翩，靡不哀慛。（外黄令高彪碑）

哀慛，义即哀伤、悲痛。《大词典》唯举宋叶绍翁《四朝闻见录·考异四》为始见书证：“遽罹祸度，弥剧哀慛。”

【辉然】

招工募石，辉然俱至，各进琦巧，不日成之。（济阴太守孟郁修尧庙碑）

辉然，光彩貌。《大词典》仅举明方孝孺《送李生序》为始见书证：“摩其外，辉然而温，栗然而润。”

【廉恕】

拜治书御史，膺皋陶之廉恕，□参之□□□□□□律祇用既平□博陵太守。（博陵太守孔彪碑）

廉恕，谓廉洁宽厚。《大词典》仅举《宋史·周执羔传》为始见书证：“执羔有雅度，立朝无朋比。治郡廉恕，有循吏风。”

【敞平】

岳朝慕阳，厥土敞平。（张公神碑）

敞平，即宽阔平坦。《大词典》仅举老舍《骆驼祥子》七为书证：“敞平的路，没有什么人，微微的凉风，静静的灯光，他跑上了劲来。”

【高藐】

太守安平赵府君，嘉厥高藐［下缺］尼父之美，宋叙三命之伐，存有立名，殁宜见旌，［下缺］守节曰贞，博闻曰文，请谥休为贞文子。（司徒掾梁休碑）

高藐，犹高深。藐，通“邈”。《大词典》举明刘凤《严君平老子指归序》为唯一书证：“君平生元成间，与扬子云同时，盖隐于卜筮，其术道高藐，才智渊蔚。”

【敦仁】

体性敦仁，天姿笃厚，行兴闺门，名［缺］州里。（桂阳太守周憬功勋铭）

敦仁，义为仁厚。语本《易·系辞上》：“安土敦乎仁，故能爱。”《大词典》仅举《三国志·吴志·诸葛谨传》为书证：“诸葛敦仁，则天活物。”

## 第二节　《汉语大词典》义项缺误的形容词

义项是否齐全、完备以及释义是否准确，也是评判一部辞书编纂质量的一个重要标尺。不可否定，《汉语大词典》是迄今为止收词最多、释义最全面的一部高质量的大型词典，尽管如此，我们还是发现了几个东汉碑刻形容词的义项被漏收或释义不确，兹揭示如下，以供修订时参考。

**【幽昏】**

《大词典》列有两个义项：①暗昧不明；②幽婚。按："幽昏"的"暗昧不明"义，东汉碑刻亦用，如《楚相孙叔敖碑》："生于季末，仕于灵王，立溷浊而澄清，处幽昏而照明，其遗武余典，恨不与戏皇帝代同世。""幽昏"一词在东汉碑刻中还有"阴间、地府"的意思，当由第一义项引申而来。《豫州从事尹宙碑》："景命不永，早即幽昏。"东汉碑刻还有"幽冥"一词，义亦指"阴间地府"，如《冀州从事郭君碑》："悼君短折，永归幽冥。"《仲秋下旬碑》："三命缩赢，卑彼［下缺］幽冥。"六朝碑刻亦有此用，如《汉魏南北朝墓志汇编·晋待诏中郎将徐君夫人菅氏之墓碑》："昊天不吊，大命中倾，卜兹宅窕，永即幽冥。"《唐代墓志汇编》永徽〇〇五《隋燕王府录事段夫人之志铭并序》："温席扇枕，蒸蒸至情，如何不祜，即是幽冥。"《唐代墓志汇编》龙朔〇八八《唐故邓君墓志铭并序》："徂驷难驻，流光讵停，一辞白日，永即幽冥。"《全后汉文》卷九十七丁仪妻《寡妇赋》："计先后其何几，亦同归于幽冥。"《全三国文》卷十八魏十八陈王植《王仲宣诔》："嗟乎夫子，永安幽冥。"《全三国文》卷二十六魏二十六韩暨《临终上疏》："寝疾弥留，奄即幽冥。"

"幽冥"的"阴间、地府"义，《汉语大词典》已收，但于此义项下首举《文选·曹植〈王仲宣诔〉》之书证，略迟。"昏"、"冥"同义，"幽昏"的"阴间、地府"义，《汉语大词典》失载，当据补。

**【茂盛】**

"茂盛"一词，《汉语大词典》解释为"茂密旺盛，亦用以形容事业兴旺或德行卓著。"按：东汉碑刻还用"茂盛"来形容人的相貌英俊、魁伟。《戚伯著碑》是其例："二七府召，礼性仁知，约身学事，才略胥通，笔墨敏疾，仪容茂盛。"

**【宽弘】**

"宽弘"一词，《汉语大词典》已收，但未释义，仅说"见宽宏"。查"宽宏"条，《汉语大词典》列有三个义项：①胸怀宽阔，气量弘深，能容人；②宽阔；③形容声音浑厚宏大。按："宽弘"一词，东汉碑刻用来形容人的寿命长或统治宽松、不严苛。《严䜣碑》："颠殒徂落，寿不宽弘。"《冀州刺史王纯碑》："［缺］过宥罪，政尚宽弘，视事二载，换在冀州。"此二例均是其例。

**【弘亮】**

"弘亮"一词，《汉语大词典》列有两个义项：①犹言光大，仅举《清史稿·礼志一》为书证；②洪亮，响亮，引钱钟书《围城》四为唯一书证。按："弘亮"一词，东汉碑刻中用以形容人的本质好、气质佳。《绥民校尉熊君碑》是其例："故桂阳阴山豫章［缺］长重安侯相杜晖字慈明，体质弘亮，敦仁好道，治《易梁丘》、《春秋公羊氏》，综览百家，无所不甄。"

**【憉㣼】**

"憉㣼"二字不见各字书，《汉语大词典》有收，其引例且仅举例为"㣼"，释义为"涕泪横流貌"。引例后又引顾蔼吉注以示编者释义之所据："憉㣼不载字书，疑借'憉㣼'为'澎濞'，形容其涕泪之横流也。"但细看此词的内部形式，似无此释义之构词理据，相反似有臆测之嫌。

那么，"憉㣼"一词究竟该作何解释呢？首先我们可以肯定的是，"憉㣼"乃一双声连语。对于连绵词词义的探求，清代训诂大师王念孙早就有过精辟阐述，他说："夫双声之字，本因声以见义，不求诸声而求诸字，故宜其说之多凿也。"① 又说"大抵双声叠韵之字，其义即存乎声，求诸其声则得，求诸其文则惑矣。"② 所以，下面我们不妨先来分析一组以"彭鼻"为音的连绵词"澎濞"的内部形式。如：

①贾谊《旱云赋》："屈卷轮而中天兮，象虎惊而龙骇。相搏据而俱兴兮，妄倚丽而时有。遂积聚而合沓兮，相纷薄而慷慨。若飞翔之从横兮，扬波怒而澎濞。正［一作'云'］惟布而雷动兮，相击冲而破碎。终风解而雾散兮，凌迟而堵溃。"

②司马相如《上林赋》："汩乎混流，顺阿而下，赴隘狭之口。触穹石，激堆埼，沸乎暴怒，汹涌澎湃，□弗宓□，横流逆折，转腾潎洌，澎濞沆瀣，穹隆云桡……"

③王褒《洞箫赋》："其妙声则清静厌瘱，顺叙卑达，若孝子之事父也。科条譬类，诚应义理，澎濞慷慨，一何壮士。优柔温润，又似君子。"

④马融《长笛赋》："争湍苹萦，汩活澎濞。"

⑤成公绥《啸赋》："若乃登高台以临远，披文轩而骋望，喟仰抃而抗首，

---

① 《释训》"踌躇，犹豫也"条下，（清）王念孙：《广雅疏证》，南京：江苏古籍出版社 2000 年版，第 192 页下。

② 《释训》"扬榷，都凡也"条下，（清）王念孙：《广雅疏证》，南京：江苏古籍出版社 2000 年版，第 199 页上。

嘈长引而憀亮。或舒肆而自反，或徘徊而复放，或冉弱而柔挠，或澎濞而奔壮。”

⑥木华《海赋》：“若乃霾曀潜销，莫振莫竦，轻尘不飞，纤萝不动，犹尚呀呷，余波独涌，澎濞灪礹，碨磊山垄。”

“澎濞”又写作“滂濞”、“淜濞”、“彭濞”。如：

⑦司马迁《史记·司马相如列传下》引司马相如《大人赋》：“贯列缺之倒景兮，涉丰隆之滂濞。”

⑧司马相如《上林赋》：“滂濞沆溉，穹隆云桡。”

⑨司马迁《史记·司马相如列传下》引司马相如《大人赋》：“滂濞泱轧，洒以林离。”

⑩王克宽《吴山赋》：“浙江左带而混瀚兮，惊湍漰潏而淜濞。”

⑪曹毗《涉江赋》：“狂飙萧瑟以洞骇，洪涛突兀而横峙。而乃江狶彭濞。”

以上“澎濞”义，或指“波浪的冲击声”，既可实指，如例②、⑥、⑧、⑩、⑪；亦可喻指翻滚的乌云，如例①；或指乐声，如例③、④；或指啸鸣声，如例⑤；或指雨很大的样子，如例⑦；或指盛多的样子，如例⑨。但这些仅仅是“澎濞”一词的表层义。细揣其上下语境，“澎濞”一词均用于摹写场面气势之滂沛，壮盛到足以撼人心魄。故“澎濞”一词还蕴含有其深层义，即滂沛壮盛之意。而此深层义由其声符“彭鼻”承载。“憉憹”就是以“彭鼻”为声符，以“忄”为形符，仿造“澎濞”孳乳而成。

按：除了以上意义，“憉憹”在东汉碑刻中还有另一意义。《汉北海相景君铭》曰：“奈何朝廷，夺我慈父？去官未旬，病乃困危。珪璧之质，临卒不回。嘘唏殒绝，奄忽不迟。孝子憉憹，颠倒剥摧，遂不克瘳，永潜长归。”结合碑刻上下文意，可知“憉憹”一词形象地描写出了人因遭遇不幸事件而使心灵遭受极大振荡，以致极度悲愤的情景。故“憉憹”可释义为“心情振荡忧郁貌。”可以说，“憉憹”一词的创制，是古人使用同源孳乳造词的一个成功范例，而事物之间共同的语像是其孳乳的基础。

## 第三节　可补充用例的形容词

《汉语大词典》的词条书证，尽可能地做到了穷源探流，比较真实客观地反映了词语的历史发展过程。但我们在研究东汉碑刻形容词的过程中，也发现了《汉语大词典》在这方面还有值得完善的地方。表现为两种情况：一是《大词典》中相关形容词的书证为孤证，并且大多为先秦用例，穷流不够。二是有数量惊人的形容词词条的书证时间跨度过大，不利于昭示词语发展的历史源流。这些不足可通过补充东汉碑刻用例得到一定补救。

### （一）《大词典》未探流的词语

**【晏晏】**

遵九德以绥民，崇晏晏之惠康。（汉成阳令唐扶颂）

晏晏，盛貌。《大词典》仅举《楚辞·九辩》："被荷裯之晏晏兮，然潢洋而不可带。"

**【闵怜】**

危危累卵兮，圣朝闵怜。（析里桥郙阁颂）

闵怜，哀伤。《大词典》仅举《楚辞·九辩》："心闵怜之惨凄兮，愿一见而有明。"

**【钦明】**

少以文塞，敦庬允元，长以钦明，耽《诗》悦《书》。（卫尉衡方碑）

钦明，敬肃明察。《大词典》仅举《书·尧典》："曰若稽古帝尧，曰放勋，钦明文思安安，允恭克让。"

**【可哀】**

痛哉可哀，许阿瞿□。（许阿瞿画像石左方墓志）

可哀，令人悲痛。《大词典》仅举《左传·襄公二十五年》："九世之卿族，一举而灭之，可哀也哉。"

**【悼伤】**

①慈父悼伤，割哀回鲤。（童子逢盛碑）

②母氏以□□，□□而悼伤，服［缺］菲五五，缞杖其未除。（堂邑令费凤碑）

悼伤，哀伤。《大词典》仅举《汉书·外戚传下·孝成许皇后》："元帝悼伤母恭哀后居位日浅而遭霍氏之辜，故选嘉女以配皇太子。"

**【大和】**

①故望大和则俟生毓，晞严霜则畏辜戮，欣悦竦栗，宽猛必衷。（沛相杨统碑）

②扶助大和，万民乃蒙。（敦煌长史武斑碑）

③君系祖考之鸿轨，履大和之□□，□世载德，不陨□□，仁义成于束修，孝弟根其本性。（幽州刺史朱龟碑）

大和，非常和谐。《大词典》仅举《左传·襄公十三年》："吾国之民，是以大和。"

**【卓谲】**

卓谲而超伦，吏氏慕高踪，来者其如雨。（堂邑令费凤碑）

卓谲，卓越。《大词典》仅举汉王充《论衡·佚文》："以权诈卓谲，能将兵御众为贤乎？"

【寂谧】

四境寂谧，群庶艾安。（巴郡太守张纳碑）

寂谧，犹寂静。《大词典》仅举汉司马相如《美人赋》："闲房寂谧，不闻人声。"

【强虐】

内怀温润，外撮强虐。（鲁峻碑）

强虐，强横暴虐。《大词典》仅举《管子·君臣下》："故智者假众力以禁强虐，而暴人止。"

### （二）《大词典》书证时距过大的词语

【辑宁】

建立兆域，修设坛屏，所以昭孝息民，辑宁上下也。（白石神君碑）

辑宁，安抚、安定。《大词典》首举《书·汤诰》，次举唐白居易《除薛平郑滑节度制》。

【和睦】

①民殷和睦，朝无顾忧。（鲜于璜碑）

②疆界寂静和睦［缺］，朝歌、荡阴及黎阳。（张公神碑）

和睦，谓和好相处、不争吵。《大词典》首举《左传·成公十六年》，次举《后汉书·杜诗传》。

【勤苦】

①子孙以其不祭祀督之不［缺］拘持入门勤苦五十［下缺］二万四千，其妇共衣食，去留之后，悉以归雍直。（金广延母徐氏纪产碑）

②耕殖狭少，［缺］修产业，夫妇勤苦，积入成家。（金广延母徐氏纪产碑）

勤苦，勤劳刻苦。《大词典》首举《墨子·兼爱下》，次举唐杜甫《柏学士茅屋》诗。

【文丽】

君清节俭约，厉风子孙，固穷守陋，不□□□，堂无文丽，墓无碑识。（孝廉柳敏碑）

文丽，乃华丽义。《大词典》首举《韩非子·亡征》，次举南朝梁刘勰《文心雕龙·议对》。

【饥寒】

山高听下，恐近庙小民不堪役赋，有饥寒之窘，违宗神之敬。（上言复华下

民租田口算状）

饥寒，饥饿寒冷。《大词典》首举《国语·周语下》，次举唐杜甫《莫相疑行》。

【周密】

周密淑慎，奉己守度，在宠弗盈，能自挹损，爵［阙］日隆，持之益惧。（吉成侯州辅碑）

周密，周到细密。《大词典》首举《荀子·儒效》，次举南朝梁刘勰《文心雕龙·附会》。

【畅茂】

草木畅茂，巨仞不数。（三公山碑）

畅茂，旺盛繁茂。《大词典》首举《孟子·滕文公下》，次举《旧唐书·德宗纪下》。

【慈仁】

①故长沙茶陵长文春字季秋，质操贞良，慈仁汜爱，治天官、日度、风角、列宿，明知圣术，在官修德，民歌遗风。（绥民校尉熊君碑）

②永寿三年十二月戊寅朔二十六日癸巳，惟许卒史安国礼性方直，廉言敦笃，慈仁多恩，注所不可。（山东嘉祥出土东汉永寿三年画像石题记）

③君体性慈仁，常容□□，忠公清白，好善博爱。（严䜣碑）

④小妇慈仁，供养周厚，奉顺［缺］暖，不离左右。（金广延母徐氏纪产碑）

⑤慈仁质桷，精静诚信，天授之性，飞其学也。（梁相孔耽神祠碑）

慈仁，慈善仁爱。《大词典》首举《庄子·天下》，次举《百喻经·叹父德行喻》。

【恻隐】

①复迁南阳太守，壹行质省简易之教，推贞谅以示下，显众善以厉否，恻隐之诚，通乎神人。（太尉刘宽碑）

②恻隐至兮神蛇存，皇垂象兮木理连，矜鸟兽兮放舍旃。（梁相孔耽神祠碑）

恻隐，同情、怜悯。《大词典》首举《孟子·公孙丑上》，次举唐储光羲《田家即事》诗。

【精诚】

卜择元日，齐革精诚。（成阳灵台碑）

精诚，真诚。《大词典》首举《庄子·渔父》，次举《后汉书·广陵思王荆传》。

【久远】

谨案文书，臣以去元年十一月到官，其十二月奉祠西岳华山，省视庙舍及斋衣祭器，率皆久远有垢，故鲁不修大室，《春秋》作讥。（上言复华下民租田口算状）

久远，长久、长远。《大词典》首举《孟子·万章上》，次举宋苏轼《谢欧阳内翰书》。

【危难】

①政由豹产，邦□□□七州喉□，衢路委蛇，郑河阻凶，崩阤亏啮，峻峭危难。（成皋令任伯嗣碑）

②其辞曰：惟此故道，险阻危难。（汉安长陈君阁道碑）

③郡西狭中道，危难阻峻，缘崖俾阁，两山壁立，隆崇造云，下有不测之溪，厄笮促迫。（西狭颂）

④王府君闵谷道危难，分置六部道桥，特遣行丞事西成辅服字显公、都督掾南郑巍整字伯玉、后遣赵诵字公梁，案察中曹卓行造作石积，万世之基。（司隶校尉杨孟文石门颂）

⑤除去危难，行人万姓，莫不蒙恩，传于无穷乎。（青衣尉赵孟麟羊窦道碑）

危难，危险和灾难。《大词典》首举《战国策·楚策一》，次举唐韩愈《鄠人对》。

【谨慎】

先荐毛血，谨慎牺牲，祈祠获福。（成阳灵台碑）

谨慎，慎重小心。《大词典》首举《谷梁传·桓公三年》，次举唐元稹《叙诗寄乐天书》。

【盛衰】

损益盛衰之原，倚伏祸福之门。（老子铭）

盛衰，兴盛与衰败。《大词典》首举《易·杂卦》和《韩诗外传》卷七，次举宋司马光《燕台歌》。

【美好】

人有曾闵贞孝之行，四民美好，从容中节，高梱改敝，一朝而化。（楚相孙叔敖碑）

美好，即好。《大词典》首举《庄子·盗跖》，次举北魏贾思勰《齐民要术·种瓜》。

【贞信】

孝友贞信，仁恕好惠。（先生郭辅碑）

贞信，正直诚实。《大词典》首举《商君书·定分》，次举唐柳宗元《亡姐前京兆府参军裴君夫人墓志》。

【祇肃】

①案奏□公，弹绌五卿，华夏祇肃，佞秽者远。（鲁峻碑）

②日恪位佇，所在祇肃。（博陵太守孔彪碑）

③属城祇肃，千里折中。（冀州从事张表碑）

④庶慕先贤，体德允恭，笃古尊旧，奉履宪章，钦翼天道，五典兴通，文藉祭祠，祇肃神明。（楚相孙叔敖碑）

⑤既至升堂，屏气拜手，祇肃屑偯，仿佛若在。（史晨飨孔庙后碑）

祇肃，恭谨而严肃。《大词典》首举《书·太甲上》，次举《周书·达奚武传》。

**【欢乐】**

年逾皓首，县车家巷，黄髡荒老，背有胎表，孙息敖姚，欢乐寿考。（梁相孔耽神祠碑）

欢乐，快乐。《大词典》首举《庄子·渔父》，次举唐顾况《弃妇词》。

**【危乱】**

试守故鄣长，盖危乱有不让。（费凤别碑）

危乱，危险动乱。《大词典》首举《晏子春秋·问上三》，次举晋葛洪《抱朴子·酒诫》。

**【明允】**

①明允笃诚，小心祇翼。（封丘令王元宾碑）

②叙曰：于惟我君，明允广渊，学兼游夏，德配臧文，殁而不朽，实有立言。其言惟何？（堂溪典嵩高山石阙铭）

③君孝友恭懿，明允笃信，敦悦经睢习父东光君业，兼综六艺，博物多识，略涉传记，矫取其用。（竹邑侯相张寿碑）

明允，明察而诚信。《大词典》首举《左传·文公十八年》，次举唐元稹《赠郑余庆太保》。

**【敬恭】**

①有司齐肃致力，四时奉祀，盖亦所以敬恭神明，报功［下缺］。（东海庙碑）

②敬恭明祀，降福孔殷。（白石神君碑）

③今欲加宠子孙，敬恭明祀，传于罔极。（乙瑛碑）

④敬恭明祀，以奉皇灵。（西岳华山亭碑）

敬恭，恭敬奉事、敬慎处事。《大词典》首举《诗·大雅·云汉》，次举唐元稹《于季友授右羽林将军制》。

**【辽远】**

史君念孔渎颜母井去市辽远，百姓酤买，不能得香酒美肉，于昌平亭下立会市，因彼左右，咸所愿乐。（史晨飨孔庙后碑）

辽远，遥远。《大词典》首举《左传·襄公八年》，次举《宋书·恩幸传·

徐爰》。

【欢欣】

□□充赢兮，百姓欢欣。（析里桥郙阁颂）

欢欣，欢喜欣悦。《大词典》首举《荀子·礼论》，次举《后汉书·杜林传》。

【坚固】

坚固广大，可以夜涉。（西狭颂）

坚固，牢固。《大词典》首举《管子·内业》，次举宋司马光《乞罢修腹内城壁楼橹及器械状》。

【愁苦】

愁苦之难，焉可具言？（司隶校尉杨孟文石门颂）

愁苦，忧愁苦恼。《大词典》首举《楚辞·九章·涉江》，次举唐杜甫《发阆中》。

【危殆】

乃俾衡官掾下辨仇审，改解危殆，即便求隐。（析里桥郙阁颂）

危殆，犹危险。《大词典》首举《管子·立政》，次举《旧唐书·牛仙客传》。

【要妙】

天姿玮度，体性温仁。窥极道之要妙，游观六艺之原。（济阴太守孟郁修尧庙碑）

要妙，精深微妙。《大词典》首举《老子》，次举《三国志·吴志·刘惇传》。

【易简】

躬忠恕以及人，兼禹、汤之罪己，故能兴朴□□雕弊，济弘功于易简。（泰山都尉孔宙碑）

易简，平易简约。《大词典》首举《易·系辞上》，次举清魏源《复何竹芗同年论会计书》。

【安危】

原度天道，安危所归。（司隶校尉杨孟文石门颂）

安危，平安与危险。《大词典》首举《管子·参患》，次举晋干宝《晋纪总论》。

【显荣】

①寔谓耿君，天胙显荣。（武都太守耿勋碑）

②有四男三女，咸高贤姣婳，富贵显荣，可谓子孙繁者已。（先生郭辅碑）

显荣，显赫荣耀，多指仕宦。《大词典》首举《楚辞·九辩》，次举唐元结

《喻友》。

【纯固】

①夫积修纯固者，为天人所钟，功假于民者，叙在铭典。（竹邑侯相张寿碑）

②存无玩饰，亡导以俭，所谓守终纯固者已。（山阳太守祝睦碑）

纯固，纯粹坚定。《大词典》首举《国语·周语上》，次举《三国志·魏志·和洽常林等传论》。

【慈孝】

①君则上党太守之弟，幼履慈孝之德，长执忠謇之操。（金乡长侯成碑）

②仇福字仲渊，累世同居，州里称术慈孝。（成阳灵台碑）

③仁义本于心，慈孝著于性，言不失典术，行不越矩度。（费凤别碑）

慈孝，孝敬。《大词典》首举《国语·齐语》，次举北齐颜之推《颜氏家训·教子》。

【切剥】

昆嗣切剥，哀恸感情。（金乡长侯成碑）

切剥，形容心情极端痛苦。《大词典》首举汉王逸《九思·悯上》，次举清王士禛《池北偶谈·谈献三·赵忠毅公择言》。

【敦笃】

①永寿三年十二月戊寅朔二十六日癸巳，惟许卒史安国礼性方直，廉言敦笃，慈仁多恩，注所不可。（山东嘉祥出土东汉永寿三年画像石题记）

②视民如子，先教后罚，流玄默之化，奉以忠信，守以敦笃。（梁相费汎碑）

③君幼有岐嶷天然之资，长有明肃弘雅之操，刚毅多略，有山甫之纵，沈懿敦笃，为万夫之望。（北军中侯郭仲奇碑）

敦笃，敦厚笃实。《大词典》首举《左传·成公十三年》，次举宋苏舜钦《杜谊孝子传》。

【贞固】

①若乃砥节厉行，直道正辞，贞固足以干事，隐括足以矫时。（郭泰碑）

②其事上也，贞固密慎，矜矜战战，作主股肱，助国视听，外职不诬，内言不泄，为近臣楷模。（中常侍樊安碑）

贞固，谓守持正道，坚定不移。《大词典》首举《易·乾》，次举三国魏刘劭《人物志·九征》。

【叡哲】

加有聪明叡哲之才，博五经之滋味，览群书之要［下缺］图藉擒翰著作，时人莫能豫。（议郎元宾碑）

叡哲，神圣而明智。《大词典》首举《逸周书·谥法》，次举《三国志·魏志·高柔传》。

【欢喜】

闻君显令名，举宗为欢喜。（费凤别碑）

欢喜，快乐高兴。《大词典》首举《战国策·中山策》，次举《后汉书·光武帝纪上》。

【贞亮】

①三辟将军府，征书粲粲，贞亮直方。（北军中侯郭仲奇碑）

②咸以孝廉，公府茂选，贞亮皦白，翼翼瑛彦，配周之八，为国桢干。（北军中侯郭仲奇碑）

贞亮，忠贞诚信。《大词典》首举战国楚宋玉《神女赋》，次举三国蜀诸葛亮《前出师表》。

【谦虚】

①谦虚自劾，寝疾于家。（司徒掾梁休碑）

②劳而不伐，有实若虚，固执谦虚，以病辞官去位。（博陵太守孔彪碑）

③玄懿守谦虚，白驹以逐隍。（费凤别碑）

④郡将平原高君，深昭其德，以和平元年举孝廉，除郎中，谦虚接下，冠名三署。（郎中马江碑）

⑤君叡精谦虚，委虵衡门，以礼盘桓，名德可尊。（金乡长侯成碑）

谦虚，即虚心、不自满。《大词典》首举《诗·小雅·角弓》，次举宋苏辙《龙川别志》卷上。

【难老】

①谓君为哲，在昔宁武，当亨南山难老之祷。（小黄门谯敏碑）

②宜享难老，彭祖为邻。（浚仪令衡立碑）

难老，犹长寿。《大词典》首举《诗·鲁颂·泮水》，次举宋苏轼《赐正议大夫守门下侍郎孙固生日诏》。

【恭顺】

①年在洗［缺］，奉亲恭顺。（相府小史夏堪碑）

②恭顺承舅，孝行布宣。（李翊夫人碑）

恭顺，恭谨顺从。《大词典》首举《礼记·乐记》，次举《新唐书·韦颛传》。

【广渊】

①叙曰：于惟我君，明允广渊，学兼游夏，德配臧文，殁而不朽，实有立言。其言惟何？（堂溪典嵩高山石阙铭）

②其辞曰：于穆从事，淑慎广渊。（浚仪令衡立碑）

广渊，指德行广大深远。《大词典》首举《书·微子之命》，后举晋陆云

《答兄平原书》诗。

【怆凄】

松柏□冥，涕泣怆凄。（平都侯相蒋君碑）

怆凄，凄怆、伤感。《大词典》首举汉王逸《九思·怨上》，次举清陈梦雷《西郊杂咏》之九。

【长久】

本枝繁昌，延庆长久。（樊毅修华岳碑）

长久，时间很久、持久。《大词典》首举《国语·越语下》，次举三国魏曹植《秋胡行》之二。

【凄怆】

凡百凄怆，痛乎何辜。（益州太守高颐碑）

凄怆，悲伤；悲凉。《大词典》首举《楚辞·九辩》，次举晋陆机《文赋》。

【艰难】

每所典领，威禁不犯，远恶辟害，不离艰难，所谓摩而不粼，涅而不缁者［缺］。（吉成侯州辅碑）

艰难，即困苦、困难。《大词典》首举《诗·王风·中谷有推》，次举宋苏轼《贺欧阳少师致仕启》。

【俭约】

①君清节俭约，厉风子孙，固穷守陋，不□□□，堂无文丽，墓无碑识。（孝廉柳敏碑）

②思惟俭约，所以利民。（汉安长陈君阁道碑）

俭约，即俭省、节约。《大词典》首举《荀子·非十二子》，次举《后汉书·郎颉传》。

【恪恭】

大汉典制，有恩泽之封，辅历世守省，恪恭位著，建立之际，处乎左右常伯之职，同［缺］协意，以亮天功。（吉成侯州辅碑）

恪恭，恭敬、恭谨。《大词典》首举《国语·周语上》，次举唐韩愈《为韦相公让官表》。

【勤劳】

民苦拘驾，推排之役，勤劳无已。（五都太守李翕天井道碑）

勤劳，辛劳、忧劳。《大词典》首举《书·金滕》，次举《隋书·循吏传·辛公义》。

【欢悦】

百姓行人，欢悦歌咏，邮亭掾尹厚□□臣有述君之义，故勒此石，以示后

贤。(汉安长陈君阁道碑)

欢悦，喜悦、欢乐。《大词典》首举《吕氏春秋·尊师》，次举元关汉卿《五侯宴》第二折。

【果毅】

仁信明敏，壮勇果毅，匡陪州郡，流化二城。(赵宽碑)

果毅，果敢坚毅。《大词典》首举《书·泰誓下》，次举晋葛洪《抱朴子·行品》。

【休明】

其德休明，则有祯祥。(樊毅修华岳碑)

休明，美好清明。《大词典》首举《左传·宣公三年》，次举唐李白《豫章行》。

【荒淫】

荒淫臊秽，笃灾必降。(樊毅修华岳碑)

荒淫，指迷于佚乐，沉湎酒色。《大词典》首举《诗·齐风·鸡鸣序》，次举南朝梁刘勰《文心雕龙·辨骚》。

【短长】

禄有不究，命有短长。(北军中侯郭仲奇碑)

短长，长久与短暂。《大词典》于该义项下首举《左传·文公十三年》，次举晋干宝《〈晋纪〉总论》。

【修洁】

故县侯守丞杨卿耿伯愼性修洁，丁时窈窕，才量休赫。(四川郫县东汉墓门石刻)

修洁，高尚纯洁。《大词典》于该义项下首举《韩非子·八说》，次举元宫天挺《范张鸡黍》第二折。

【硕大】

堂堂四俊，硕大婉敏。(先生郭辅碑)

硕大，高大。《大词典》于该义项下首举《诗·陈风·泽陂》和《韩非子·难二》，次举唐白居易《唐故通议大夫和州刺史吴郡张公神道碑铭》。

【柔嘉】

①柔嘉惟则，穆如风清。(武都太守耿勋碑)

②柔嘉其德，仪问孔芬。(浚仪令衡立碑)

③乃刊斯石曰：赫赫明后，柔嘉惟则。(西狭颂)

柔嘉，柔和美善。《大词典》于该义项下首举《诗·大雅·烝民》，次举唐陆贽《册淑妃王氏为皇后文》。

【济济】

①进则贞直，退则错枉，崇举济济，吉士充朝。（桂阳太守周憬功勋铭）

②济济俊乂，朝野充盈。（白石神君碑）

③济济学徒，来宗来式。（封丘令王元宾碑）

④济济之仪，孜孜之踰，帅厉后学，致之雍泮，草上之风，莫不向应。（酸枣令刘熊碑）

济济，众多。《大词典》于该义项下首举《诗·大雅·旱麓》，次举唐卢纶《元日早朝呈故省诸公》诗。

【狡猾】

去年鲜卑连犯鄣塞，［下缺］过掩卒捣击，无距捍［下缺］率摄太守以下进退［下缺］鲁不表罪诛多拥［下缺］丽王宫，慓轻狡猾。（赐豫州刺史冯焕昭）

狡猾，诡诈刁钻。《大词典》于该义项下首举《左传·昭公二十六年》，次举宋秦观《任臣策下》。

【高朗】

①兼才伯知，高朗令融。（冀州从事张表碑）

②高朗神武，历世忠孝。（卫尉衡方碑）

高朗，犹高明。谓高超美善。《大词典》于该义项下首举《诗·大雅·既醉》，次举《旧唐书·高适传》。

# 第六章　东汉碑刻中的丧葬词语

东汉碑刻中的大部分是墓志，因语体关系而使用了大量的丧葬词语，反映出东汉时期的礼仪制度、风俗习惯和伦理观念等，成为特定民族礼俗文化词语的一个重要组成部分，表现出碑刻文体所特有的鲜明的词汇特征。东汉碑刻中的丧葬词语主要有以下几个类型：

## 一、关于死亡的委婉词语

人们在交际过程中，为追求中庸和美的要求，产生了语言的禁忌和避讳，也就是当语言交际中的某些词语不便直白言说时，便故意避开使用这类词语而用别的一些词语来代替，这种替代词语便成为委婉词语。斯托克和哈特曼等编的《语言与语言学词典》指出，委婉词语是用一种不明说的、能使人感到愉快的或含糊的说法，代替具有令人不悦的含义或不够尊敬的表达方法。王力先生在《汉语史稿》中说："有些词语直说出来会令人不愉快，所以往往被人用曲折的方式说了出来。"也就是说，"委婉语"就是不直言其事，故意把话说得婉转、含蓄些。委婉词语有三大特征：内容的禁忌性、表达效果的愉悦性、表达手段的间接性。从某个方面来说，委婉词语产生的实质根源就是语言的禁忌。而语言禁忌源于人们对语言与客观事物间关系的错误认识，即把名等同于物。最初的禁忌事物是神妖魔鬼怪，它们被人们赋予了超自然的力量，使人产生某种敬畏或恐惧。人们为了避免这种心理的作用，就创造了一些特定的委婉词语来指称。

本章即考察东汉碑刻中跟死亡有关的委婉词语。东汉碑刻作为汉代具有鲜明特征的文献语言材料，其中墓志语言材料又占据了一个很大的比重。因此，其内容很多与丧葬有关。汉族人自古就忌讳"死"。人的生老病死，本来是人世间的自然现象，但是人们却害怕死，因此也忌讳说及"死"，并且还希望长寿乃至长生不死。在我国，古人认为自然界有一种超乎自然的神秘力量在主宰人世间包括人的命运，认为只要不说及"死"，似乎"死亡"之神就不会降临。因此，人们就忌讳"死"这个词，以至于把处理死人的事都叫"丧事"。所以，为了避免说及"死"字，常常用委婉词语来代替"死"这个字。在东汉碑刻中就出现了大量的有关"死亡"的委婉词语。大致有如下几种情况：

称帝王、王侯之死的委婉词语如"仙歿"、"晏驾"、"大忧"、"徂逝"、"陨终”、“陨丧”、“賨祚”、“倾賨”、“仙伏”、“徂亡”、“摧藏”、“薨徂”、“颠賨”、“徂落”、“长逝”、“陨坠”、“殒迁”、“不禄”、“薨”、“没”等，如：

①庆都仙殁，盖葬于兹，欲人莫知，名曰灵台。（成阳灵台碑）

②孝桓晏驾，□□□□躬亲功［下缺］司空乔玄，表公为河南［缺］惟明克［缺］公［下缺］遂作司空，通导水泉，稼啬繁阜，阴阳［下缺］致仕，赐荣而退。（太尉陈球碑）

③遭孝桓大忧，屯守玄武，戚哀悲恸，加遇害气，遭疾陨灵。（汉故执金吾丞武荣碑）

④晻忽徂逝，□□□宫。（敦煌长史武斑碑）

⑤当陟泰阶，配耀岳嵩，寿不极旄，早世陨终。（荆州从事苑镇碑）

⑥故吏故郭施业字世坚，义民堂邑戚忠，忠年十有一，慈考早陨丧，以备於礼制，蓬首而□□，□坏而消辟，地□□□行。（堂邑令费凤碑）

⑦夙世賨祚，早丧懿宝。（淳于长夏承碑）

⑧大命倾賨，魂神仙伏。（中常侍樊安碑）

⑨卒被氛气，掩忽徂亡。（北军中侯郭仲奇碑）

⑩□□□宣为二［缺］风□□至今不灭，年□□□□□□□□□□何亿，掩忽摧藏。（严䜣碑）

⑪晻忽薨徂，命不可攀。（平舆令薛君碑）

⑫颠賨徂落，寿不宽弘。（严䜣碑）

⑬三方共□，□□黯［下缺］，徂落不留。（凉州刺史魏元丕碑）

⑭委蔑成勋，赴义长逝。（繁阳令杨君碑）

⑮如何我君，遭命陨坠。（益州太守无名碑）

⑯春秋七十，以道殒迁，宗胤不纪，故为宣昭。（绥民校尉熊君碑）

⑰年七十有八，熹平三年，正月甲子，不禄。（娄寿碑）

⑱［下缺］丞道遘［缺］疾，三年癸亥，景命不禄，君［缺］严平李德上感［下缺］新市富春，各复早世。（富春丞张君碑）

⑲年二十四，永兴二年七月遭疾不禄。（孔谦碑）

⑳大司农刘佑特复表列，将有命授，会叔父太尉公薨，委荣轻举，投绂如遗。（繁阳令杨君碑）

㉑春秋六十有六，以中平（二）年（二）月丁卯薨。（太尉刘宽碑）

㉒而青蝇嫉正，丑直实繁，横共构谮，慷慨暴薨。（太尉杨震碑）

㉓没而含曜，比列陵於。（广汉属国侯李翊碑）

㉔铭勒金石，没而不朽。（绥民校尉熊君碑）

称一般亲友的“死”的委婉词语如“陨身”、“賨殁”、“陨命”、“夭没”、

"奄丧"、"终殁"、"賫没"、"离世"、"物故"等。例如：

①未满期限，从其本规，乃遘凶愍，年四十二，其四月二十四日遭命陨身，痛如之何！（郎中郑固碑）

②大岁丁亥，聘妻朱氏，旬期，著横遇躬度，不蒙祷卜，奄遂賫殁，岂魂俱灵？（戚伯著碑）

③乃遭氛灾，陨命颠沛。（郎中郑固碑）

④开明子宣张，仕济阴，年二十五，曹府君察举孝廉，除敦煌长史，被病夭没。（武氏石阙铭）

⑤中夜奄丧，□□□□，□□□，忽然远游。（孟孝琚碑）

⑥丁兰二亲终殁，立木为父。[武梁祠堂画像题字（二）]

⑦君不事黄耇寿，賫没归［缺］窆且於中岳玄照洞，仓弘高显□□□□□□刻画文磐堂，列种诸奇树窈何祸灵魂。（严䜣碑）

⑧正月上旬，被病在床，卜问医药，不为知闻，阇忽离世，下归黄泉。（山东嘉祥出土东汉永寿三年画像石题记）

⑨即訾下不中，还田转与当为父老者，传后子孙以为常，其有物故，得传后代户者一人。（汉侍廷里父老僤买田约束石券）

称夭折或过早而死的委婉词语如"夭摧"、"早殁"、"早亡"、"早陨"、"早终"、"早薨"等。如：

①天歼良善，卒遘瘳疴，艳贾命夭摧。（相府小史夏堪碑）

②旻天不吊，命也早殁。（堂邑令费凤碑）

③长子字子恭，为郡行事；次字子惠，护羌假司马，含器早亡。（赵宽碑）

④元少不幸，弃世早亡。（故民吴仲山碑）

⑤复举孝廉、尚书侍郎，迁注丞冀州刺史、大医令、下邳相。元弟功德牟盛，当究三事，不幸早陨。（司隶校尉杨淮碑）

⑥君同产弟望季公，质性忼慨，史鱼之直，吏功曹、列掾、督邮都梁长，早终。（绥民校尉熊君碑）

⑦君曾号称三［下缺］郎中早终。（司徒掾梁休碑）

⑧典大君讳协，字季度，自为郡主簿，作阙铭文，后举孝廉，西鄂长，早终。（堂溪典嵩高山石阙铭）

⑨服祥有不忍远离之恩，情［缺］感病，毁性早薨，朕甚闵焉。（费亭侯曹腾碑阴）

## 二、与丧葬事物有关的词语

主要有下面一些表现情况：

东汉碑刻中称“墓穴”为“窀夕”、“幽庐”、“幽都”、“玄室”、“幽穸”等，《泰山都尉孔宙碑》：“窀夕不华，明器不设。”《孟孝琚碑》：“以病去官，二十有馀年，踰九九，永归幽庐。”《孟孝琚碑》：“将即幽都，归于电丘。”《孝廉柳敏碑》：“呜呼哀哉，辞曰：山陵玄室，［缺］斯邦兮。”《故益州太守北海相景君铭》：“乱曰：孝积幽穸，表至□兮。”

东汉碑刻中称“阴间”为“幽昏”、“幽冥”、“黄泉”、“寒泉”、“玄阴”等，如《豫州从事尹宙碑》：“景命不永，早即幽昏。”《楚相孙叔敖碑》：“生于季末，仕于灵王，立溷浊而澄清，处幽昏而照明，其遗武余典，恨不与戏皇帝代同世。”《冀州从事郭君碑》：“悼君短折，永归幽冥。”《仲秋下旬碑》：“三命缩赢，卑彼［下缺］幽冥。”《山东嘉祥出土东汉永寿三年画像石题记》：“土正月上旬，被病在床，卜问医药，不为知闻，阉忽离世，下归黄泉。”《郎中马江碑》：“嗟《诗》云，感《凯风》，叹寒泉，惟梓桑。”《金乡长侯成碑》：“将去白日，归彼玄阴，同盟必至，缟素填街。”

东汉碑刻中“墓碑”被称为“玄石”、“灵石”、“表石”、“灵碑”等，如《繁阳令杨君碑》：“铭颂玄石，［下缺］。”《白石神君碑》：“尔乃陟景山，登峥嵘，采玄石，勒功名。”《樊毅修华岳碑》：“於是功曹郭敏，主簿魏袭、户曹史许礼等，遂刊玄石，铭勒鸿勋，垂曜亿軨，永有昭识。”《司徒掾梁休碑》：“命［下缺］，玄石勒。”《太尉杨震碑》：“颂有《清庙》，故敢慕奚斯之追述，树玄石于坟道。”《荆州从事苑镇碑》：“於是乃钦树玄石，甄德表勋。”《梁相费汎碑》：“二子纂［缺］凤由宰府至堂邑令政，九江太守，感奚斯之义，刊铭玄石，旌勒厥美，俾［缺］览焉。”《议郎元宾碑》：“名显章，光四［下缺］建灵石，垂鸿勋。”《鲁相韩敕造孔庙礼器碑》：“尊琦大人之意，逴弥之思，乃共立表石，纪传亿载。”《汉卫尉卿衡府君碑》：“於是海内门生故吏，□□□采嘉石，树灵碑，镌茂伐，秘将来。”东汉碑刻中，“墓碑”又可单称为“碑”，如《稿长蔡湛颂》：“于是吏□□□栗尹等，相与合会，立碑起颂，刊斯石焉。”《绥民校尉熊君碑》：“龙潜体于枯木兮就生存，是以刊石兮为君立碑。”《孝廉柳敏碑》：“建宁元年，县长同岁犍为属国赵台公愤然念素帛之义，其二年十月甲子为君立碑，传于万基。”《竹邑侯相张寿碑》：“於［缺］俊［缺］，访诸儒林，刊石树碑，式昭令徽。”《宛令李孟初神祠碑》：“故宛令益州刺史南郡襄阳李［缺］字孟初神祠之碑。”又：“□故吏民追思德化，［下缺］更讯治立碑。”《赵宽碑》：“乃刊碑勒铭，昭示来今。”《敦煌长史武斑碑》：“故□石铭碑，以旌德焉。”《说文解字·石部》：“碑，竖石也，碣，特立之石也。”碑用来记载死者生平，而作为墓石就是始于东汉。墓碑的碑阳记载死者姓名、生卒年月以及生平事迹并加以旌扬，碑阴则记列立碑者的姓名。

东汉碑刻中称墓为“陵”，这是一种专供安葬并祭祀死者的建筑。古人等级观念特别明显，故而反映在墓地的名称和形制上也有比较严格的区别。如帝王墓可并称为陵，臣庶民则称墓。如《汉益州北海相景君铭》：“陵成宇立，树列既就。”称墓地为“坟园”，如《景君碑》：“守卫坟园，仁纲礼备。”

埋葬死人的整块地方叫墓，在墓地埋棺之处的地面上堆成的高土堆叫坟。《真道冢地碑》：“后世作冢，从此冢后，并坟北行门出西［缺］地也。”《孟孝琚碑》：“□□□□□十月癸卯，于茔西起坟，十一月□卯采。”《山东嘉祥出土东汉永寿三年画像石题记》：“悲哀思慕，不离冢侧，草庐宇容，负土成坟，徐养凌柏，朝莫祭祠，甘珍滋味，嗛设随时，进纳省定，若生时。”《益州太守高颐碑》：“臣吏播举而悲叫，梨庶踊泣而忉怛，追恩念义，缞绖坟侧，因作颂曰：穆穆我君，帝颛之胄。”

东汉碑刻中又有“坟道”一词，“坟道”即墓道，乃神行之道。东汉时，厚葬之风盛行，那时已经形成墓祭的习俗，出现了墓道，即“坟道”，一般是帝王将相、达官显贵墓前才有这种通道，如《闻喜长韩仁碑》：“［下缺］□□十一月二十二日乙酉，河南尹君丞憙，谓京写［下缺］□□坟道头讫成，表言会月三十日如律令。”

树列，指墓上所植的树。古时墓上要起坟，且要种树，树以松柏居多，既可作为墓的标志，也可表达悼念之情。《故益州太守北海相景君铭》：“陵成宇立，树列既就。”

坛场，古代设坛举行祭祀、继位、盟会、拜将等大典的场所。《桐柏淮源庙碑》：“增广坛场，饰治华盖。”《西岳华山庙碑》：“尊修灵基，肃共坛场。”《帝尧碑》：“是故廷尉卿□□以为大圣亲垂隆烈，遗歌在民，而坛场夷替，屏慑无位，非所以表神圣□□□□□□民者□□□□焉。”《鲜于璜碑》：“旌洪德兮表元功，阐君灵兮示后萌，神有识兮营坛场。”

坛墠，古代祭祀的场所。筑土曰坛，除地曰墠。《从事武梁碑》：“前设坛墠，后建祠堂。”

阙，古代坟墓、神庙前所立的石牌坊。《说文解字》：“阙，门观也。”《成阳灵台碑》：“上合天意，下应□□□□□□饰五色华精，上阙通天，户向少阳，前设大殿，俟神之堂。”《鲁相史晨奏祀孔子庙碑》：“而本国旧居复礼之日，阙而不祀，诚朝廷圣恩所宜特加。”

祠堂，旧时祭祀祖宗或先贤的庙堂。《从事武梁碑》：“前设坛墠，后建祠堂。”

明器，即冥器，专为随葬而制作的并无实用价值的各种器物，一般用竹、木或陶土制成。从宋代起，纸明器逐渐流行，陶、木等制作的明器渐少。明代还有用铅、锡制作的。《后汉书·范冉传》李贤注："《礼》送死者衣曰明衣，器曰明器。"《泰山都尉孔宙碑》："窀夕不华，明器不设。"

秘器，东汉碑刻中称棺材为"秘器"。汉代大臣死，赐东园秘器，即东汉国家赏赐的棺具，史书上又称东园梓棺。《汉书·佞幸传·董贤》"及至东园秘器，珠襦玉柙，豫以赐贤，无不备具"，颜师古注引《汉旧仪》："东园秘器作棺梓，素木长二丈，崇广四尺。"又《后汉书·和熹邓皇后纪》注曰："东园，署名，属少府，主作凶器，故言秘也。"《贾武仲妻马姜墓记》："春秋七十三，延平元年七月四日薨，皇上闵悼，两宫赙赠，赐秘器，以礼殡，以九月十日葬于芒门旧茔。"

## 三、关于丧葬礼制的词语

生与死，是人生之大事，尤其"死"是人生的终点，中国传统所谓"人死为大，丧之以礼"，可见丧葬礼仪在中华传统文化中的重要性。人生礼仪中的最后一个环节就是丧葬礼俗，丧葬仪式表示一个人最终脱离现实社会，标志着人生旅途的终结。丧葬礼俗是我国社会在漫长的历史发展过程中逐渐形成的，在人类社会的初期是无所谓丧葬礼俗的，正如《周易·系辞下传》说："古之葬者，厚衣之以薪，葬之中野，不树不封，丧期无数。后世圣人易之以棺椁，盖取诸大过。"其大意是，远古时人死之后，后人不忍心死者遗体腐化，于是就把尸体放在野地里，然后盖上树枝，既不挖坟墓，也不积土为坟，也不种树作标记，没有丧期的规定，丧葬礼仪更是无从谈起。《孟子·滕文公上》记载："盖上世尝有不葬其亲者，其亲死，则举而委之壑。他日过之，狐狸食之，蝇蚋姑嘬之。其颡有泚，睨而不视。夫泚也，非为人泚，中心达于面目，盖归反虆梩而掩之。掩之诚是也，则孝子仁人之掩其亲，亦必有其道矣。"这段话说明古代丧葬的本来意义，并不在于什么风水、地气，而仅仅只是为了不让先人的遗体暴露在野外，避免遭到其他动物的吞咬而已。古人埋葬先人，其起初也并没有什么厚葬的风俗，而仅仅只是用比较厚的"薪"以裹葬遗体，并不作陵墓，也不植树或竖碑碣等标志物，到了后世才有棺椁之丧葬礼俗。可能到了春秋时期，丧葬的礼俗出现了厚葬的苗头，因而在《墨子》中，就极力主张"薄葬"。今存的《墨子》一书，其《节葬》三篇仅保留下来了最后的一篇，墨子对于"厚葬"、"久丧（即为先人长时间守孝）"等浪费与愚孝的习俗，就颇持导议。但墨子的"薄葬观"并未得到社会的认同，后世还是沿袭了"厚葬"的礼俗。东汉碑刻中就出现了大量有关处理丧葬事务的礼仪制度的词语，如：

服，只穿丧服守孝。《史记·孔子世家》："孔子葬鲁城北泗上，弟子皆服三年。"但到东汉时，丧葬礼仪发生了一些变化，在时间上服丧三年的已经很少见了，时间长短可以由个人决定。如《鲜于璜碑》：“丧父去官，服终礼阕，复应三公之招，辟太尉府，除西曹属。”《鲁峻碑》：“服竟，还拜屯骑校尉。”《博陵太守孔彪碑》：“服竟还署，试拜尚书侍郎，无偏无党，遵王之素，荐可黜否，出□□度。”

祥，指父母死后一周年要举行一次祭祀，称为小祥，之后，子女就可以除去部分丧服。大祥后隔一个月举行祔祭，之后就可以除去丧服了。如《卫尉衡方碑》：“倍荣向哀，礼服祥除，征拜议郎、右北平太守，寻李广之在边，恢魏绛之和戎，戎戢士佚，费省巨亿。”

采，从古文，即窆，将棺木葬入圹穴。《周礼·地官·乡师》：“及窆，执斧以莅匠师。”郑玄注引郑司农曰：“窆，谓葬下棺也。”贾公彦疏：“窆，是下棺也。至圹下棺之时，乡师执斧以莅匠师。”《孟孝琚碑》：“□□□□□十月癸卯，于茔西起坟，十一月□卯采。”

殡，死者入殓后停柩以待葬。《礼记·丧服大记》：“士之丧，二日而殡。”《贾武仲妻马姜墓记》：“春秋七十三，延平元年七月四日薨，皇上闵悼，两宫赙赠，赐秘器，以礼殡，以九月十日葬于芒门旧茔。”

祠、祭、祠祀，都指祭祀。《闻喜长韩仁碑》：“书到，郡遣吏以少牢祠。”《孙叔敖碑阴》：“招请诸孙都会国右郭西道北，处所显好，兴上罕祭，倡优鼓舞，式序其胄，授之端首。”《白石神君碑》：“礼有五经，莫重于祭。”《无极山碑》：“臣愚以为如巡言，为民来福，以祠祀为本。”

处谥，评论其生平事迹，然后赐给谥号。《周礼·春官·大史》：“小丧赐谥。”《娄寿碑》：“国人乃相与论德处谥，刻石作铭，其词曰：皇矣先生，怀德惟明。”

去官、弃官、奉丧，古代居官位者，如遇父母丧甚至祖父母、姊妹兄弟、亲属丧而弃官回家奔丧，守孝在家。《鲜于璜碑》：“丧父去官，服终礼阕，复应三公之招，辟太尉府，除西曹属。”《绥民校尉熊君碑》：“吏民作诵曰：彼熊父兮，解我患害，安我［缺］移遭母忧□□去官。”《太尉陈球后碑》：“父病去官，居家半年。”《巴郡太守张纳碑》：“迁甘陵冤句令，亲病去官。”《司隶校尉杨淮碑》：“举孝廉、西邦长，伯母忧去官。”《成皋令任伯嗣碑》：“举孝廉，除郎中、蜀郡府丞、江州令，以服去官。”《封丘令王元宾碑》：“以母忧去官，服祥，辟司空府，补缺［缺］衔。”《曹全碑》：“迁右扶风槐里令，遭同产弟忧，弃官，续遇禁冈，潜隐家巷七年。”《太尉刘宽碑》：“垂□康，蹈产、豹，丧旧君以弃官。”《鲜于璜碑》：“父君不豫，弃官奉丧。”

自气，即自乞，乃乞身守丧。古代以做官为委身事君，故称请求辞职为乞身。《鲁峻碑》：“遭母忧，自气，拜议郎。”

寝暗，谓居倚庐守丧。寝，居住；暗，即指庐。与之同义的还有“寝苫枕块”，如《仪礼·既夕礼》：“居倚庐，寝苫枕块。”贾公彦疏：“孝子寝卧之时，寝于苫以块枕头，必寝苫者，哀亲之在草；枕块者，哀亲之在土云。”即铺草苫，枕土块。是为古时居父母丧之礼。《卫尉衡方碑》：“会丧太夫人，感背人之凯风，悼蓼仪之劬劳，寝暗苫块，仍［缺］上言。”

解丧，古制守丧以二十五月结束，撤除灵座，俗称除灵。此时除去丧服，谓不再守孝。《鲜于璜碑》：“五五之月，令丞解丧。”

配食，即袝祭、配享，也即古代新亡者附祭于先祖。《郎中郑固碑》：“故建□共坟，配食斯坛，以慰考妣之心。”按古制，如不满八岁而亡则为无服之殇，也即夭亡者不能成为祖先，也就不具备作为祭祖的资格。碑中云：“先是，君大男孟子，有杨乌之才，善性形于岐嶷，□□见于垂髦，年七岁而夭，大君夫人所共哀也！”因大男孟子年仅七岁而夭折，郑君父母深为哀痛，因建坟与固配食。

赙赠，指赠送给丧家财物以助丧。《说文》：“赙，主也。”《玉篇》：“以财助丧也。”《后汉书·羊续传》：“旧典，二千石卒，官赙百万。”这是说，东汉国家的官赙是以二千石秩级为限的。换言之，就是这一等级序列的有爵者和官员都可以获得赙赠赏赐。但这必须在官员亡故后，需要皇帝特别下诏恩准，才可以获得。《贾武仲妻马姜墓记》：“春秋七十三，延平元年七月四日薨，皇上闵悼，两宫赙赠，赐秘器，以礼殡，以九月十日葬于芒门旧茔。”《吉成侯州辅碑》：“中外咨悼，赙赠［缺］等。”《中常侍樊安碑》：“朝思其忠，追拜骑都尉，宠以印绂，策书褒叹，赙赠有加。”

综上所述，中国有着几千年文明史，在漫长的历史进化过程中，形成了具有鲜明民族特征的丧葬礼俗文化。在中国历史上的各个时期，丧葬礼俗随着历史阶段的变迁而几经变动，与之相适应的是丧葬礼俗词语亦有更改。到了东汉，丧葬词语也表现出了自身的特点，这可从一个侧面窥见汉语词汇的变化与发展。这些变化如：

一是丧葬词语种类的丰富性。东汉碑刻中有关于丧葬的词语、关于死亡的委婉词语、与丧葬事物有关的词语和关于丧葬礼制的词语等，这些词语不仅数量多，而且种类丰富，从中不仅可看出中华丧葬礼俗文化在东汉的发展，也可窥见汉语词汇在东汉时的发展演变情况。

二是产生了一些丧葬类复音新词。如：“仙殁”、“陨徂”、“殒迁”、“徂亡”、“陨灵”、“賷殁”、“陨终”、“灵石”、“徂灵”、“解丧”、“自气”、“寝暗”、“幽庐”、“灵碑”、“灵石”、“表石”、“玄碑”、“秘器”、“坟道”、“树列”、“处谥”等。这些词均为《汉语大词典》等大型工具书所未收。东汉碑刻较多数量的丧葬类复音新词的出现，从侧面说明了汉语从先秦的单音节词占优势到东汉时复音词逐渐增多，汉语词汇复音化的步伐加快。

三是出现了部分同根丧葬词。东汉碑刻中，以某个单音词为根词，衍生出了一批意义相关的同根词。如："坟"—"坟园"、"坟道"；"碑"—"灵碑"、"玄碑"；"陨"—"陨徂"、"陨灵""陨终"；"徂"—"徂灵"、"徂亡"；"殁"—"仙殁"、"霣殁"。

# 第七章 《汉语大词典》未收词语考释

东汉碑刻中有数量不菲的词语为《汉语大词典》所失收，这部分失收词语包括一部分新造词和生造词。新造词符合汉语的构词原则和规律，能被社会理解、认同和接受，能在该语言群体中较快地传播开去，使用频率也较高，并且大都被后世继承下去；生造词是使用者临时造词，尽管使用频率较低且生命力短暂，有的甚至是昙花一现，用例极少，或仅见于东汉碑刻，但这类词作为一种语言事实，不仅应该被研究，而且还应该成为我们研究的难点。当然，这些失收词语中，有相当一部分也在其他文献中有相同或类似的用例。这些均可从一个方面补充《汉语大词典》等大型辞书的词条。东汉碑刻中被《汉语大词典》等大型辞书所失收的词语多达500多个，笔者已在拙著《东汉碑刻复音词研究》中考释了107个，兹在此再考释151个。

**【朴纯】**

夫君子钦美，含歌如颂曰：君之德兮性自然，蹈仁义兮履朴纯。（梁相孔耽神祠碑）

按："朴纯"，即纯朴。"朴纯"与"纯朴"为同素异序同义词。《汉语大词典》收有"纯朴"而失收"朴纯"，当据补。

**【富殷】**

百姓家给，国富殷兮。（三公山碑）

按："富殷"，即殷富，义为繁盛、富足。"富殷"与"殷富"乃同素异序同义词。《汉语大词典》收有"殷富"一词，而没有"富殷"，应据补。传世文献已有用例，如宋谢枋得《叠山集》卷一《谢刘纯父惠布》："江东得此种，亦可致富殷。"

**【戚哀】**

遭孝桓大忧，屯守玄武，戚哀悲恸，加遇害气，遭疾陨灵。（汉故执金吾丞武荣碑）

按："戚哀"，乃哀痛、悲伤义。《广雅·释诂三》："戚，悲也。""忧戚"乃同义连文。《汉语大词典》收有类似的"忧戚"和"戚忧"，而没有"戚哀"一词，应据补。

**【优沾】**

嘉澍优沾，利茂万物，阴阳和协，百姓赖福。（济阴太守孟郁修尧庙碑）

按："优沾"，盛多、丰沛的意思。"沾"有充足、充溢义，《白石神君碑》："不终朝日，而澍雨沾洽。""优"亦有"饶多"之义，《诗·小雅·信南山》"既优既渥"，朱熹注曰："优，饶洽之意也。"《尔雅·广诂》："饶，多也。"故"优沾"乃同义连文。东汉碑刻中，"优沾"又可倒序为"沾优"，《益州太守高颐碑》："宰城子牧，惠泽沾优。""优沾"与"沾优"为同素异序同义词。"优沾"、"沾优"二词，均为《汉语大词典》所失收，当据补。

**【楚悲】**

柏榆（伤）亲年老，气力稍衰，笞之（不）痛，心怀楚悲。［武梁祠堂画像题字（三）］

按："楚悲"，痛苦而悲伤。"楚"有"痛苦"义，《后汉书·王允传》"不欲使更楚辱"，李贤注："楚，苦痛。"又《文选·陆机〈于承明作与士龙〉》"慷慨含辛楚"，李善注："楚，犹痛也。""楚悲"乃近义连文。《汉语大词典》收有"楚恻"、"楚凄"、"楚痛"等，"楚悲"一词缺载，应据补。

**【茕营】**

兄弟咨嗟，憯切伤情。孤配祸嗣，憔悴茕营。悼君短折，永归幽冥。（冀州从事郭君碑）

按："茕营"，孤零貌。"茕"有"孤独"义，《广韵·清韵》："茕，独也。"《楚辞·离骚》"夫何茕独而不予听"，王逸注："茕，孤也。""营"，《说文·宫部》朱骏声通训定声："营，假借又为茕。"故"茕营"即"茕茕"。《汉语大词典》收有"茕茕"而未收"茕营"。当据补。

**【愍怆】**

遘痾不永，朝失鲠臣，孤嗣［缺］绝，潸［缺］无声。百寮叹伤，圣朝愍怆。（外黄令高彪碑）

按："愍怆"，乃哀伤、悲伤义。"愍"有"伤悲"义，《玉篇·心部》："愍，悲也。"《广雅·释诂二》："愍，伤也。""怆"亦有"悲伤"义，《广雅·释诂三》："怆，悲也。"《说文·心部》："怆，伤也。""愍怆"乃同义连文。《汉语大词典》收有"愍伤"、"愍悴"、"愍哀"、"愍恻"，而未收与其同例的"愍怆"，应据补。

**【休丽】**

勤勤竭诚，荣名休丽。（司隶校尉杨孟文石门颂）

按："休丽"，美善义。"休"，《广雅·释诂一》："休，善也。"又《陈太丘碑文》"休矣清声"，李周翰注："休，美也。""丽"，《汉书·扬雄传上》"于胥德兮丽万世"，颜师古注："丽，美也。""休丽"乃近义连文。《汉语大词典》收有"休美"一词，与其同义的"休丽"失载，当据补。

【仙殁】

庆都仙殁，盖葬于兹，欲人莫知，名曰灵台。（成阳灵台碑）

按："仙殁"，去世，死的婉辞。《汉语大词典》收有"仙逝"、"仙去"、"仙化"系列词，"仙殁"与"仙逝"、"仙去"、"仙化"在"死的婉辞"意义上为同构同义词。"仙殁"一词，《汉语大词典》失收，应据补。

【委位】

①汉□□□之□□王舅，是时宠特进朝侯大仆光禄侍中监营持节□□□功充列王室，遇谤于吕，委位捐尔，调官近（《隶释》作"沛"）土。（戚伯著碑）

②以病被征，委位致仕。（故益州太守北海相景君铭）

按："委位"，犹委职，谓弃职、辞官。"委位"一词，其他文献偶有使用，如《论衡·逢遇篇》："禹王天下，伯益辅治，伯成子高委位而耕。"《资治通鉴》卷第一百七十五："突厥佗钵可汗病且卒，谓其子菴逻曰：'吾兄不立其子，委位于我，我死，汝当避大逻。'"《汉语大词典》收有"委职"一词，"委位"与"委职"系同构同义词。"委位"一词，《汉语大词典》未收，当据补。

【括统】

和平中，君复转拜大长秋，兼以［缺］侍之位，括统前后，明先帝法令，晓旧章之事。（吉成侯州辅碑）

按："括统"，犹"统括"，乃总括的意思。"括统"与"统括"为同素异序同义词。《汉语大词典》收有"统括"而未收"括统"，应据补。

【玄碑】

玄碑既立，双阙建兮。（张公神碑）

按："玄碑"，谓墓碑。《玉篇·玄部》："玄，黑色也。"是以"玄"乃就墓碑的颜色而言，因古代墓石常以青黑色为主，故名。"玄碑"一词，《汉语大词典》缺载，当据此补。

【表石】

尊琦大人之意，逴弥之思，乃共立表石，纪传亿载。（鲁相韩敕造孔庙礼器碑）

按："表石"，标榜之石，谓碑石。"表石"一词，《汉语大词典》失收，当据此补。

【底究】

耽道好古，敦《书》咏《诗》，综纬《河》《雒》，底究群典。（汉成阳令唐扶颂）

按："底究"，深入研究。《慧琳音义》卷六"推究"注引《考声》："究，察也。""底究"一词，《汉语大词典》漏收，当据此补。

【元冠】

惟仲阿东，年在元冠，幼有中质，遵柜规，上仁好义。（成阳灵台碑）

按："元冠"，谓二十岁。古代男子到成年（一般在二十岁）则举行加冠礼，叫做冠。一般在二十岁。《礼记·曲礼上》："男子二十冠而字。""元"有"开始"义，《易·乾》："乾，元亨利贞。"孔颖达疏："子夏传云：元，始也。"《匡谬正俗》卷八："元者，始也。"是以"元冠"即始冠，古代谓男子二十岁。《汉语大词典》收有"始冠"而未收"元冠"，"元冠"与"始冠"同义，应据补。

【尊琦】

尊琦大人之意，逴弥之思，乃共立表石，纪传亿载。（鲁相韩敕造孔庙礼器碑）

按："尊琦"，犹言尊重。"尊琦"一词，《汉语大词典》未收，应据补。

【玺追】

玺追嘉锡，据北海相。（故益州太守北海相景君铭）

按："玺追"，即玺书。俞樾《俞楼杂纂》第二十五《读汉碑》曰："不曰玺书，而曰玺追，盖用《左传·襄公二十九年》'玺书追而与之'事也。汉人文法如此，在后世则为不辞矣。""玺追"，乃一典故词，系化用《左传·襄公二十九年》"玺书追而与之"而成。"玺追"一词，《汉语大词典》未载，当据此补。

【员冗】

国县员冗，吏无大小，空府竭寺，咸俾来观。（史晨飨孔庙后碑）

按："员冗"，泛指吏员。"员冗"一词，《汉语大词典》未收。《汉语大词典》收有"冗员"一词，"员冗"与"冗员"系同素异序同义词，当据此补。

【园庭】

白菟素鸠，游君园庭。（汉成阳令唐扶颂）

按："园庭"，即庭园，种有花草树木的庭院或附属于住宅的花园。《汉语大词典》收有"庭园"而未收"园庭"，"园庭"与"庭园"为同素异序同义词，当据补。

【上牺】

圣汉龙兴，缵尧之绪，祠以上牺。（帝尧碑）

按："上牺"，即上牲，上等的牺牲，指祭祀时用的豕和羊。"上牺"一词，《汉语大词典》未收载。《汉语大词典》收有"上牲"一词，"上牺"与"上牲"为异形同构同义词，当据此补。

【壹变】

不能阐弘德政，恢崇壹变，夙夜忧怖，累息屏营。（鲁相史晨奏祀孔子庙碑）

按："壹变"，指道。语出《论语·雍也》："鲁一变，至于道。""一"、"壹"通，故"壹变"为典故词。"壹变"一词，《汉语大词典》未载，当据此补。

**【陨徂】**

①干流［缺］戾，［缺］见陨徂。（益州太守高颐碑）

②年五十九，延熹四年八月二十八日甲寅，不［缺］陨徂。（冀州刺史王纯碑）

按："陨徂"，死亡的婉词。《玉篇·阜部》："陨，堕坠也。"《文选·潘岳〈杨仲武诔〉》"姑侄继陨"，吕向注："陨，死也。"《史记·伯夷列传》"于嗟徂兮"，司马贞索隐："徂者，往也，死也。"古人谓人死乃往去，魂魄坠落，故以"陨徂"喻指人之死。"陨徂"一词《汉语大词典》未收，当据此补。

**【绩勋】**

校尉空阔，典统非任，素无绩勋。（闻喜长韩仁碑）

按："绩勋"，功勋、功绩。"绩勋"一词，《汉语大词典》未立目，但《汉语大词典》收有"勋绩"一词，"绩勋"与"勋绩"乃同素异序同义词，应据补。

**【柩棺】**

念君之仁恩，闻君之陨隧，剥断而辛酸，复截缞麻杖，［缺］君之柩棺，扶号而竭［缺］，泣涕其□□。（堂邑令费凤碑）

按："柩棺"，装有尸体的棺材。《汉语大词典》收载有"棺柩"一词而未收"柩棺"，"柩棺"与"棺柩"为同素异序同义词，应据补。

**【支百】**

永世支百，民人所彰。（校官碑）

按："支百"，旧时形容子孙繁衍，福泽绵延。"支百"乃一典故词，语出《诗·大雅·文王》"文王孙子，本支百世"，传："本，本宗也。支，支子也。"《汉语大词典》漏收"支百"，应据补。

**【宁归】**

敬北□□□失妹宁归，遂释印绂。（冀州刺史王纯碑）

按："宁归"，犹"归宁"，谓回家治丧。"宁归"与"归宁"为同素异序同义词。《汉语大词典》收有"归宁"而未收"宁归"，应据补。

**【乾皇】**

乾皇所挺，应符如生。（金乡长侯成碑）

按："乾皇"，谓上天。《汉语大词典》收有"皇乾"条，释义为"犹皇天"，不误。"乾"可谓"天"，《广韵·仙韵》："乾，天也。""乾皇"与"皇乾"为同素异序同义词。"乾皇"一词，《汉语大词典》未收，应据补。

【铭石】

于是儒林众俊，惟想邢景，乃树立铭石，以扬淑美。(金乡长侯成碑)

按："铭石"，谓碑石。"铭石"一词，《汉语大词典》未收，应据补。

【圃园】

约身纺绩，殖贿圃园。(李翊夫人碑)

按："圃园"，指种植果木菜蔬的园地。《汉语大词典》收有"园圃"条，"圃园"与"园圃"为同素异序同义词，"圃园"一词，《汉语大词典》漏载，应据补。

【殒迁】

春秋七十，以道殒迁，宗胤不纪，故为宣昭。(绥民校尉熊君碑)

按："殒迁"，指死亡。《汉语大词典》收载有"殒亡"、"殒没"、"殒殁"、"殒逝"、"殒越"、"殒落"、"殒灭"、"殒谢"、"殒毙"、"殒颠"等系列词，"殒迁"与这些词构成同根同构近义词，均可称指"死亡"。"殒迁"一词，《汉语大词典》未收，当据此补。

【质操】

故长沙茶陵长文春字季秋，质操贞良，慈仁汜爱，治天官、日度、风角、列宿，明知圣术，在官修德，民歌遗风。(绥民校尉熊君碑)

按："质操"，谓资质、节操。"质操"一词，《汉语大词典》未收载，应据补。

【圃畴】

□□□□颍，芬滋楙于圃畴。(嵩高山开母庙石阙铭)

按："圃畴"，圃，菜园；畴，田园。故"圃畴"乃同义连文，泛指田园。"圃畴"，《汉语大词典》失收，应据补。

【髫髦】

君禀资南霍之神，□□□德之绝操，髫髦克敏，□学《典谟》，祖讲《诗》、《易》，剖演奥艺。(校官碑)

按："髫髦"，谓幼年。"髫髦"一词，《汉语大词典》未收，应据补。

【咎凶】

如何夙陨，丁此咎凶。(鲜于璜碑)

按："咎凶"，《尔雅·释言》："凶，咎也。""咎凶"乃同义并列复合词，谓不幸之事，即逝世。"咎凶"一词，《汉语大词典》失载，应据补。

【岐龀】

岐龀谿是，含好典常。(鲜于璜碑)

按："岐龀"，谓童年。"岐"，乃"岐嶷"之省，出于《诗·大雅·生民》：

“诞实匍匐，克岐克嶷。”朱熹集传：“岐嶷，峻茂之状。”后以“岐嶷”形容幼年。“龀”，指儿童换齿，即脱去乳齿，长出恒齿。《国语·郑语》“府之童妾未既龀而遭之”，韦昭注：“毁齿曰龀。”故以“岐龀”指称幼年。“岐龀”一词，《汉语大词典》失收，应据补。

【椁柩】

椁柩旋归，故吏门生奔送相随，盈道充涂，如云如□。（外黄令高彪碑）

按：“椁柩”，指棺材。“椁”，古时指内棺，后泛指棺材。《左传·襄公二年》：“夏，齐姜薨。初，穆姜使择美槚，以自为椁与颂琴。”杨伯峻注：“椁，近身之棺，犹后代以近身之衣曰衬衣。”“柩”，已装尸体的棺材。《礼记·问丧》：“三日而敛，在床曰尸，在棺曰柩。”是以“椁柩”乃近义连文，泛指棺材。“椁柩”，《汉语大词典》未收，应据补。

【更迁】

□□学问，竟轨往德，时已更迁，□□□仪，或黄或白。（缪纡墓志）

按：“更迁”，乃改变义。《汉语大词典》有“迁更”条，释义为“犹改变”，不误。“更迁”与“迁更”为同素异序同义词。“更迁”一词，《汉语大词典》漏载，应据补。

【创苦】

行旅创苦，发赋加民。（汉安长陈君阁道碑）

按：“创苦”，悲伤痛苦。创，通“怆”。“创苦”一词，《汉语大词典》未载，应据补。

【俭清】

其辞曰：劳谦损益，耽古俭清。（巴郡太守樊敏碑）

按：“俭清”，乃俭朴清廉义。《国语·周语中》“季文子、孟献子皆俭”，韦昭注：“俭，居处节俭也。”《论语·微子》“身中清”，何晏集解引马注：“清，纯洁也。”《汉语大词典》收有同义的“清俭”条，“俭清”与“清俭”为同素异序同义词。“俭清”一词，《汉语大词典》未收，应据补。

【徂亡】

卒被氛气，掩忽徂亡。（北军中侯郭仲奇碑）

按：“徂亡”，谓亡故。《史记·伯夷列传》“于嗟徂兮，命之衰矣”，司马贞索隐：“徂者，往也，死也。”故“徂亡”乃同义并列复合词。《汉语大词典》收有“徂谢”、“徂迁”、“徂丧”、“徂逝”、“徂背”、“徂殁”等系列词，“徂亡”与“徂谢”、“徂迁”、“徂丧”、“徂逝”、“徂背”、“徂殁”等为同根同构同义词。“徂亡”一词，《汉语大词典》未收载，应据补。

【垂髦】

擀育孩嚶，弱而能言。至于垂髦，智惠聪哲。（童子逢盛碑）

按："垂髦"，犹"垂发"，指儿童或童年。《小学搜佚·韵英》："髦，发也。""垂髦"一词，亦见于传世文献，如《析城郑氏家塾重校三礼图·新郑三礼图序》："垂髦之岁，笃志于礼。"《震川先生文集》卷第三十《祭外姑文》："忆何生之垂髦兮，悼往昔而伤咨。"《汉语大词典》收有"垂髫"、"垂髻"、"垂发"系列词，"垂髦"与"垂髫"、"垂髻"、"垂发"等为同根同构同义词。"垂髦"一词，《汉语大词典》不见收载，应据补。

【烈勋】

其芬如何？允孝允□□□□□□有烈勋。（浚仪令衡立碑）

按："烈勋"，功业，功勋。《尔雅·释诂下》："烈，谓功业也。"《玉篇·火部》："勋，功勋也。"故"烈勋"乃同义并列复合词。《汉语大词典》收有"勋烈"条，"烈勋"与"勋烈"为同素异序同义词。"烈勋"一词，《汉语大词典》失载，应据补。

【周左】

史君飨后，部史仇誧、县吏刘耽等，补宗里中道之周左。（史晨飨孔庙后碑）

按："周左"，指周围。"周左"一词，《汉语大词典》未收，应据补。

【黄殿】

诏英嘉命，遂见听□□为大中大夫，归治黄殿。（成阳灵台碑）

按："黄殿"，古代宫殿、祠庙和陵墓前的黄色高建筑物。《汉语大词典》收载有同义的"黄阙"一词，"黄殿"，未被《汉语大词典》收释，应据补。

【朝闻】

安衡门之陋，乐朝闻之义。（从事武梁碑）

按："朝闻"，形容对真理或某种信仰的追求。"朝闻"，乃一典故词，语本《论语·里仁》："朝闻道，夕死可矣。""朝闻"一词，《汉语大词典》未收，应据补。

【陨灵】

①遭孝桓大忧，屯守玄武，戚哀悲恸，加遇害气，遭疾陨灵。（汉故执金吾丞武荣碑）

②年七十四，元嘉元年季夏三日遭疾陨灵，乌雩哀哉。（从事武梁碑）

按："陨灵"，犹"陨身"，谓亡身、死亡。"陨灵"一词，《汉语大词典》失收，应据补。

【孝谒】

遵考孝谒，假阶司农。（故益州太守北海相景君铭）

按："孝谒"，孝廉谒者的缩称。《鲁峻碑》："举孝廉，除郎中谒者。""孝谒"一词，《汉语大词典》未收，应据补。

【贪追】

光以不肖，贪追贤烈，以自荣宠。（孙叔敖碑阴）

按："贪追"，仰慕追念。"贪"有"慕"义，王云路《六朝诗歌语词研究》已发，此不赘述。《汉语大词典》收有同义的"追慕"条，"贪追"与"追慕"为系列同义词。"贪追"一词，《汉语大词典》未载，应据补。

【圣尧】

①孟府君深惟响应，效之经典，知圣尧精灵，与天通神。（济阴太守孟郁修尧庙碑）

②爰生圣尧，名盖世兮。（成阳灵台碑）

按："圣尧"，对尧帝的尊称。"圣尧"一词，《汉语大词典》漏收，应据补。

【元孝】

颜育空桑，孔制元孝。（鲁相韩敕造孔庙礼器碑）

按："元孝"，指《孝经》。"元孝"一词，《汉语大词典》未收，应据补。

【芬耀】

于是故吏诸生，相与论曰：上世群后，莫不流光□于无穷，垂芬耀于书篇。（故益州太守北海相景君铭）

按："芬耀"，比喻美好的德行和名声。"芬耀"一词，《汉语大词典》漏载，应据补。

【覆毓】

雪未消泽，时日清和，神欢民喜，诚圣朝劳神日昃，广被四表，覆毓之德，神人被施，遐迩大小，莫不幸甚。（上言复华山下民租田口算状）

按："覆毓"，庇护养育。"毓"有"养育"义，《周礼·地官·大司徒》"以蕃鸟兽，以毓草木"，郑玄注："毓，古育字。"《玄应音义》卷十三"包毓"注："毓，覆育也"。《汉语大词典》收有"覆养"、"覆育"条，"覆毓"与"覆养"、"覆育"为同根同构同义词。"覆毓"一词，《汉语大词典》未收，应据补。

【元道】

鲁相河南京韩君追惟大古，华胥生皇雄，颜［缺］育孔宝，俱制元道，百王不改。（鲁相韩敕造孔庙礼器碑）

按："元道"，即道。《后汉书·张衡传》"常好《玄经》"，李贤注引桓谭《新论》曰："扬雄作《玄书》，以为玄者天也、道也，言圣贤制法作事，皆引天道，以为本统，而因附续万类，王政、人事、法度，故宓羲氏谓之易，老子谓之道，孔子谓之元，而扬雄谓之玄。""元道"一词，《汉语大词典》漏载，应据补。

**【龀髫】**

君龀髫入学，修《韩诗》、《严氏春秋》。（山阳太守祝睦后碑）

按："龀髫"，童年。"龀"指儿童换齿，即脱去乳齿，长出恒齿。《国语·郑语》"府之童妾未既龀而遭之"，韦昭注："毁齿曰龀。""髫"指把头发分开，垂在两侧。故用"龀髫"指称童年时。"龀髫"一词，《汉语大词典》未收，应据补。

**【稼苗】**

未秋截霜，稼苗夭残。（司隶校尉杨孟文石门颂）

按："稼苗"，田禾、庄稼。《汉语大词典》有"苗稼"条，"稼苗"与"苗稼"为同素异序同义词。"稼苗"一词，《汉语大词典》未收，应据补。

**【毕讫】**

凡百昔悲□□□□舜化比屋之余庆，随［缺］棺柩车哀以而逆之，祖载已毕讫，还返其故乡。（堂邑令费凤碑）

按："毕讫"，完了，结束。《集韵·质韵》："毕，终也。"《玉篇·言部》："讫，毕也。"故"毕讫"乃同义连文。《汉语大词典》有"毕了"条，"毕讫"与"毕了"为同构同义词。"毕讫"一词，《汉语大词典》失收，应据补。

**【賈殁】**

大岁丁亥，聘妻朱氏，旬期，著横遇躬度，不蒙祷卜，奄遂賈殁，岂魂俱灵？（戚伯著碑）

按："賈殁"，婉称死。"賈殁"一词，《汉语大词典》未收，应据补。

**【休赫】**

①功名休赫，盛巍难蔽障。（严䜣碑）

②故县侯守丞杨卿耿伯慎性修洁，丁时窈窕，才量休赫。（四川郫县东汉墓门石刻）

按："休赫"，犹"休显"，《汉语大词典》有"休显"条，释义为"荣耀，显赫"，可以用于此。"休赫"与"休显"为同构同义词。"休赫"一词，《汉语大词典》未收，应据补。

**【典素】**

勤典素，精孔墨。（司徒掾梁休碑）

按："典素"，泛指书籍。"典素"一词，《汉语大词典》未收载，应据补。

**【陨终】**

当陟泰阶，配耀岳嵩，寿不极旄，早世陨终。（荆州从事苑镇碑）

按："陨终"，指死。《汉语大词典》收有同义的"陨亡"、"陨殁"、"陨背"、"陨谢"、"陨毙"等系列词，而"陨终"一词失收，应据补。

【禁冈】

迁右扶风槐里令，遭同产弟忧，弃官，续遇禁冈，潜隐家巷七年。（曹全碑）

按："禁冈"即禁网。"冈"即"网"，谓张布如网的禁令法律。《汉语大词典》有"禁罔"与"禁网"条，而"禁冈"一词失收，应据补。

【废荒】

四祀烝尝，不废荒兮。（孝廉柳敏碑）

按："废荒"，废弃、废除。"废荒"乃"荒废"的同素异序同义词。《汉语大词典》收有"荒废"而未收"废荒"，应据补。

【省定】

悲哀思慕，不离冢侧，草庐宦容，负土成坟，徐养凌柏，朝莫祭祠，甘珍滋味，嗛设随时，进纳省定，若生时。（山东嘉祥出土东汉永寿三年画像石题记）

按："省定"，探望、看望。"省定"在该意义上为"定省"的同素异序同义词。《汉语大词典》收有"定省"而未收"省定"，应据补。

【灵石】

名显章，光四［下缺］建灵石，垂鸿勋。（议郎元宾碑）

按："灵石"，对墓石的美称。"灵石"一词，《汉语大词典》失收，应据补。

【恋哀】

二弟龙纯恋哀孔怀，孤生儁协郃长号思慕，立此碑铭，以表景行。（慎令刘修碑）

按："恋哀"，犹哀恋，哀伤眷恋。"恋哀"与"哀恋"为同素异序同义词。《汉语大词典》收有"哀恋"而未收"恋哀"，应据补。

【辅毗】

①公之考乃作司徒，辅毗安、顺，勋载二叶。（太尉刘宽碑）

②当享爵寿，作汉辅毗。（司隶从事郭究碑）

按："辅毗"，乃辅助义。"毗"有辅佐的意思。《孔子家语·始诛》"天子是毗"，王肃注："毗，辅也。"《书·微子之命》"永绥厥位，毗予一人"，旧题孔传："长安其位，以辅我一人。"故"辅毗"乃同义并列复合词。《汉语大词典》收有"毗辅"一词，"辅毗"与"毗辅"为同素异序同义词。"辅毗"一词，《汉语大词典》未收，应据补。

【灵碑】

于是海内门生故吏，□□□采嘉石，树灵碑，镌茂伐，秘将来。（卫尉衡方碑）

按："灵碑"，对墓碑的美称。"灵碑"一词，《汉语大词典》失收，应据补。

【宁康】

卫尉察尤异，迁吴令，宪春阳以加惠，则阴［下缺］击有乔宰郑见思之歌，

视事二稔，民用宁康。（议郎元宾碑）

按：“宁康”，安宁。《汉书·扬雄传》“群黎为之不康”，颜师古注：“康，安也。”《书·大禹谟》“万邦咸宁”，陆德明释文：“宁，安也。”是以“宁康”乃同义并列复合词。《汉语大词典》收有同义的“康宁”，“宁康”与“康宁”为同素异序同义词。“宁康”一词，《汉语大词典》未收，应据补。

【龟艾】

①□此龟艾，遂尹三梁。（校官碑）

②龟艾追迁，用光其德。（中常侍樊安碑）

按：“龟艾”，犹“龟绶”，龟纽绿绶。《后汉书·西域传论》“先驯则赏籝金而赐龟绶”，李贤注：“龟谓印文也。《汉旧仪》曰：‘银印皆龟纽，其文刻曰“某官之章”。’”柳宗元《哭张后余辞》“银艾沦弃”，蒋之翘辑注：“艾，艾绶。”《汉官仪》：“二千石以上，银印绿绶，亦曰艾绶。”《后汉书·张奂传》“吾前后仕进，十要银艾”，注：“银印绿绶也。以艾黄染之，故曰艾也。”故“龟艾”可用以借指官爵。《汉语大词典》收有同义的“龟绶”而未收“龟艾”，应据补。

【氛灾】

乃遭氛灾，陨命颠沛。（郎中郑固碑）

按：“氛灾”，犹“灾氛”。其他用例如《洪北江诗文集》卷第十七：“岁月酿成无事福，灾氛消尽未言功。”《牧斋有学集》卷第三：“鸱夷灵爽真如在，铜狄灾氛寔告祥。”《汉语大词典》有“灾氛”条，释义为“不祥之气，灾异的征兆”，正可移用于此。“氛灾”与“灾氛”为同素异序同义词。“氛灾”一词，《汉语大词典》未收载，应据补。

【朔狄】

慰绥朔狄，边宇艾安。（鲜于璜碑）

按：“朔狄”，指北狄。“朔”乃北方义。《书·舜典》“五月南巡守，至于南岳……十有一月朔巡守，至于北岳”，孔颖达疏：“《释训》云：‘朔，北方也。’故《尧典》及此与《禹贡》，皆以朔言北。”《文选·张衡〈西京赋〉》“秦里其朔，寔为咸阳”，薛综注：“朔，北也。”《汉语大词典》收有“北狄”一词而未收“朔狄”，应据补。

【周侪】

君蓁考鸿执，体履弘懿，敬［下缺］为主，动以礼让为先，每在周侪，推人抑己，［下缺］而后流。（司徒掾梁休碑）

按：“周侪”，同辈、朋辈。“周侪”一词，《汉语大词典》失收，应据补。

**【鱻阳】**

故天无伏阴，地无鱻阳，水无沈气，火无灾燀，时无逆数，物无害生。（白石神君碑）

按：鱻，即新鲜之“鲜”本字。“愆”、“鱻”叠韵，故借“鱻”为“愆”。“鲜阳”即“愆阳”，阳气过剩。《汉语大词典》收有“愆阳”一词，而“鱻阳”一词未收，应据补。

**【氏姓】**

惟帝尧母，昔者庆都，兆舍穹精，氏姓曰伊。（成阳灵台碑）

按：“氏姓”，指氏。“氏姓”一词，《汉语大词典》漏载，应据补。

**【见听】**

乃依无极，圣朝见听。（白石神君碑）

按：“见听”，即听许。《吕氏春秋·知士》“三日而听”，高诱注并《慧琳音义》卷一“听往”注引《考声》曰：“听，许也。”“见听”一词，传世文献亦见使用，如《资治通鉴》卷第三十六：“莽欲改太后汉家旧号，易其玺绶，恐不见听。”又卷第二百六十六：“可求曰：‘颢刚愎而暗于事，公能见听，请为公图之。’”《群书治要》卷第二十二：“申屠刚字巨卿，扶风人也，迁尚书令，世祖尝欲出游，刚以陇蜀未平，不宜晏安逸豫，谏不见听。”《法苑珠林》卷第六十《其乐最第一》：“今王见听我去供养父母，终其年寿，自当还来。”《汉语大词典》收有同义的“见许”而未收“见听”，应据补。

**【玄砾】**

玄砾菀芦，生延台涯。（成阳灵台碑）

按：“玄砾”，指黑石。《小尔雅·广诂》：“玄，黑也。”《玉篇·石部》：“砾，小石也。”《汉语大词典》收有“玄砥”、“玄石”等系列词，“玄砾”与“玄砥”、“玄石”为同构同义词。“玄砾”一词，《汉语大词典》失收，应据补。

**【驿献】**

故有灵台啬夫，鱼师卫仕，驿献鲂鱼，服之延寿。（成阳灵台碑）

按：“驿献”，用驿马进献。《汉语大词典》收有“驿送”、“驿递”等词，“驿献”与“驿送”、“驿递”为同构近义词。“驿献”一词，《汉语大词典》未收，应据补。

**【圣化】**

①是时淮夷蠢迪，帝畴克绥，策书褒蚩，俾守丹杨［缺］荒治乱，召携怀远，齐逸俗，通圣化，黎民用康，移风易［缺］。（丹阳太守郭旻碑）

②帝尧萌兆生长，葬陵在于成阳，圣化常存。（济阴太守孟郁修尧庙碑）

按：“圣化”，称帝尧的教化。“圣化”一词，其他文献也有大量用例，如

《前汉纪》卷第十八："渤海遐远，不沾圣化。"《资治通鉴》卷第二十八："故舜有四放之罚，而孔子有两观之诛，然后圣化可得而行也。"又卷第四十六："防、光兄弟奢侈踰僭，浊乱圣化，悉免就国。"《弘明集》卷第七："故俱是圣化，唯照所惑，惑尽明生，则彼我自忘。"《云笈七签》卷第九："……不能竭力尽忠，赞宣圣化，贪荣慕势，阿谀面从。"又卷第一百一十三下："玄同先生阐扬圣化，启发蒙昧，真灵事迹，显闻吴楚。"例夥，不具列。《汉语大词典》收有同义的"圣教"，而"圣化"一词，《汉语大词典》失收，应据补。

**【谷槁】**

一岁四祠，养牲百日，常当充肥，用谷槁千余斛。（上言复华下民租田口算状）

按："谷槁"，犹谷草、粮草义。《汉语大词典》收载有同义的"谷草"，"谷槁"与"谷草"为同构同义词。"谷槁"一词，《汉语大词典》未载，应据补。

**【万祀】**

①千秋万祀，子子孙孙。（嵩高山开母庙石阙铭）

②身殁名纪，阐于万祀。（外黄令高彪碑）

③刊视万祀，孰嗣厥徽！（太尉刘宽碑）

④名光来世，万祀不泯。（豫州从事尹宙碑）

⑤旌之万祀，显耀永誉。（吉成侯州辅碑）

⑥镌石作歌，昭示万祀。（先生郭辅碑）

按："万祀"，义犹"万世"，很多世代，形容时代久远。"万祀"一词，其他文献也有大量用例，如《前汉纪》卷第三十："茫茫上古，结绳而治，书契爰作，典谟云备。明德惟馨，光于万祀。"《五朝名臣言行录》卷第二之四："天子念功，报公之隆。春秋从享，万祀无穷。"《广弘明集》卷第三十上《开善寺法会诗》："万祀留国祚，亿兆庆唐民。"《陆士龙文集》卷第一《愁霖赋》："百年迅于分嘘兮，千岁疾于一息。咏大椿之万祀兮，同蟪蛄于未识。"《小畜集》卷第十六《单州成武县主簿厅记》："握乾符兮阐坤珍，垂千龄兮万祀，永昭德于吾君。"《丹渊集》卷第一《送人》："先生之寿兮，期万祀而有闻兮，夫何憾耶?"《诚斋集》卷第一百二十三："乾道之隆，万祀攸崇，走职太史，作诵万祀。"《唐文粹》卷第五十七："刻石纪功，垂于万祀。"《乐府诗集》卷第十二《永平舞》："千秋万祀，永荷昭苏。"例繁，不尽举。"万祀"一词，《汉语大词典》失收，应据补。

**【飞炎】**

烈火飞炎，一都之舍，官民寺室，同日一朝，合为灰炭，独留文翁石庙门之两观。（益州太守高眹修周公礼殿记）

按："飞炎"，闪动的火焰。《说文·炎部》："炎，火光上也。"《汉语大词典》有同义的“飞焰”一词，而“飞炎”失收，应据补。

【皓穹】

精通皓穹，三纳苻银。（析里桥郙阁颂）

按：“皓穹”，昊天、天空。“皓穹”一词，《汉语大词典》失收，应据补。

【木连】

是以三剖符守，致黄龙、嘉禾、木连、甘露之瑞。（西狭颂）

按：“木连”，不同根的树，其上部枝干连生在一起。旧时视为祥瑞。《汉语大词典》收载有同义的“木连理”而未收“木连”一词，应据补。

【葬陵】

帝尧萌兆生长，葬陵在于成阳，圣化常存。（济阴太守孟郁修尧庙碑）

按：“葬陵”，指陵墓。“葬陵”一词，《汉语大词典》未收，应据补。

【隆害】

表惟右部官，国之珍宝，冲路危险，侠石磐岩□道，人马□行，为民隆害，历世弥久，靡有留心。（广汉长王君治石路碑）

按：“隆害”，大害。《汉语大词典》收有同义的“隆危”，“隆害”与“隆危”为同构近义词。“隆害”一词，《汉语大词典》失载，应据补。

【德宗】

除昔□□树塞于兹，虽非龙门之鸿绩，亦人君之德宗，故船人叹于水渚，行旅语于涂陆。（桂阳太守周憬功勋铭）

按：“德宗”，谓为道德方面的楷模。《汉语大词典》收有“德元”、“德表”等系列词，“德宗”与“德元”、“德表”等为同构近义词。“德宗”一词，《汉语大词典》未收，应据补。

【涂陆】

除昔□□树塞于兹，虽非龙门之鸿绩，亦人君之德宗，故船人叹于水渚，行旅语于涂陆。（桂阳太守周憬功勋铭）

按：“涂陆”，即途路、路途、道路。《汉书·礼乐志》“大朱涂广”，颜师古注：“涂，道路也。”《玉篇·阜部》：“陆，道也。”故“涂陆”乃同义连文。《汉语大词典》收有同义的“涂道”，而“涂陆”一词未收，应据补。

【八皇】

乾元以来，三九之载，八皇三代，至孔乃备。（鲁相韩敕造孔庙礼器碑）

按：“八皇”，指三皇五帝。“八皇”一词，《汉语大词典》失收，应据补。

【寡识】

世政促峻，邑宰寡识，慢贤役德，被以劳事，然后慷慨激愤，宦于王室，历中黄门，冗从假史，拜小黄门右史，迁臧府令中常侍。（中常侍樊安碑）

按："寡识"，见识少。"寡识"一词，亦见于其他文献，如《范文正公集附录·论疏》："今辄条数事，布于左右，非出于浅见寡识，盖得之群言焉。"《攻媿集》卷第一百三："柔而寡识，闺门则均爱而失教，妇人之仁猗欤！"《汉语大词典》收有"寡学"、"寡闻"等系列词而未收"寡识"，"寡识"与"寡学"、"寡闻"等一例，当据补。

**【宇堂】**

在汉中叶，建设宇堂。（西岳华山庙碑）

按："宇堂"，殿堂。《汉语大词典》收有"堂宇"一词，"宇堂"与"堂宇"在殿堂义上为同素异序同义词。"宇堂"一词，《汉语大词典》未收，应据补。

**【秩祭】**

天人秩祭，以昭厥灵。（老子铭）

按："秩祭"，义犹"秩祀"。《汉语大词典》收有"秩祀"一词，释义为"指依礼分等级举行之祭"，可移用于此。他书偶有使用，如《震川先生集》卷第三十《告祭昆山县山神文》："比年官府间岁有禁而秩祭如一日也，自至元间迄今。""秩祭"与"秩祀"为同构同义词。"秩祭"一词，《汉语大词典》未收，应据补。

**【别胤】**

分源而流，枝叶扶疏，出王别胤，受爵列土，封侯载德，相继丕显。（酸枣令刘熊碑）

按："别胤"，别派、庶子。《汉语大词典》收有同义的"别裔"而未收"别胤"一词，应据补。

**【临吊】**

①使右中郎将张良持节临吊，赠车骑将军印绶，位特进，赐琀赗襚，有加典礼。（太尉刘宽碑）

②天子闵［下缺］咨嗟，使者临吊，赙赗特加。（议郎元宾碑）

按："临吊"，谓临丧哭吊。"临吊"一词，他书亦偶见，如《秋涧先生大全文集》卷第十八《吊王提举柔克》："昨日寝门临吊处，两行衰泪不容流。"《汉语大词典》收有"临弔"一词，"临吊"与"临弔"为同构同义词。"临吊"一词，《汉语大词典》漏载，应据补。

**【坤皇】**

上顺斗极，下答坤皇。（司隶校尉杨孟文石门颂）

按："坤皇"，指地。"坤皇"一词，《汉语大词典》未收，应据补。

【万亿】

于胥乐兮，传于万亿。（桐柏淮源庙碑）

按："万亿"，形容数量很多。《汉语大词典》收有同义的"万千"而未收"万亿"一词，应据补。

【追寤】

朕追寤社稷之重，恐有交会诸国王侯，开导以骄满之渐，令奸邪因缘生慝，相以显选，简练内升。（国三老袁良碑）

按："追寤"，义犹"追悟"。"寤"，有"觉悟"义，《小尔雅·广言》："寤，觉也。"《广韵·暮韵》："寤，觉寤。"《汉语大词典》有"追悟"条，释义为"后来领会，追想领悟"，可移用于此。"追寤"一词，《汉语大词典》未收载，应据补。

【阙帻】

①君讳荣，字含和，治《鲁诗经》、韦君《章句》，阙帻传讲《孝经》、《论语》、《汉书》、《史记》、《左氏国语》，广学甄微，靡不贯综。（汉故执金吾丞武荣碑）

②阙帻传讲，兼通《河》、《雒》诸子传记，广学甄彻，穷综典□，靡不□览。（从事武梁碑）

按："阙帻"，谓未冠。"阙帻"一词，《汉语大词典》未收，应据补。

【敷列】

敷列技艺，以荣大圣。（济阴太守孟郁修尧庙碑）

按："敷列"，铺叙、论列。《汉语大词典》收有同义的"敷陈"而未收"敷列"一词，应据补。

【朝娉】

再奉朝娉，十辟外台，常为治中诸部从事，举直错枉，谭思旧制，弹饕纠贪，务锄民秽。（巴郡太守樊敏碑）

按："朝娉"即朝聘、朝廷的聘用。"娉"通"聘"，《说文·女部》桂馥《义证》："娉，通作聘。"朱骏声《通训定声》："娉，假借为聘。"《汉语大词典》收有"朝聘"而未收"朝聘"，应据补。

【推予】

祖业良田，亩直一金，推予弟息。（堂邑令费凤碑）

按："推予"，乃让与义。其他文献如《方望溪先生全集》卷第十二《李世德墓表》："其归也，出装赍，并微薄地产推予弟妹而独行郊野，求上祖丘陇，悉得其征而封树焉。"《方望溪先生全集集外文》卷第七《大理卿熊君墓志铭》："朴园公及尔牧相继殁，尔牧诸子异母或不能平，君戒勉而命各以意占田宅之近者、腴者，而自取远瘠，括余财悉推予之。”《汉语大词典》收有“推与”，“推予”与“推与”为同构同义词。“推予”一词，《汉语大词典》失收，应据补。

【释绋】

考忧释绋，公义卓休。（广汉属国侯李翊碑）

按：“释绋”，即“释绂”，辞去官职、让出官职。“绋”通“绂”。《诗·小雅·斯干》“朱绋斯皇”，冯登府《三家诗异文疏证补遗》卷二：“绂，又通绋。”《尔雅·释水》“縴也”，陆德明释文：“绋，又作绂。”《汉语大词典》收有同义的“释绂”与“释黻”，而“释绋”一词未收，应据补。

【靖安】

内外靖安，必□□□我君高迁，取公［缺］侯，福流后昆，万寿无疆，干禄亿年。（蜀郡属国辛通达李仲曾造桥碑）

按：“靖安”，安定、平安，太平无事。“靖”有安定义，《广雅·释诂一》：“靖，安也。”“靖安”乃同义复合词。《汉语大词典》收有“靖乐”、“靖康”、“靖晏”等系列词，“靖安”与“靖乐”、“靖康”、“靖晏”等一例。“靖安”一词，《汉语大词典》未收，应据补。

【县民】

而县民郭家等复逆乱，燔烧城寺，万民骚扰，人怀不安。（曹全碑）

按：“县民”，同县之民。“县民”一词，传世文献用例更多，如《资治通鉴》卷第二百一十八：“县令亦逃，县民皆脱身走。”又卷第二百六十二：“掠县民耕牛以犒军，县民怨之。”《通鉴纪事本末》卷第二十七：“建德既克冀州，兵威益盛，执户曹河东张玄素，将杀之，县民千余人号泣，请代其死。”《华阳国志》卷第三：“汉时县民来辰，字元燕，为巴郡太守，甚著德惠。”《水经注》卷第三十三：“县民有姚精者，为叛夷所杀，掠其二女。”《广弘明集》卷第十二：“今大唐革命，妖惑尚兴，以去武德三年，绵州昌隆县民李望先事黄老，恒作妖邪。”此皆其例。《汉语大词典》收有同义的“县人”而未收“县民”一词，应据补。

【降沦】

宜王臣兮为栋梁，旻不淑兮降沦霜。（冀州从事张表碑）

按：“降沦”，即沦降、坠落、沦落。《汉语大词典》收有同义的“沦降”，“降沦”与“沦降”为同素异序同义词，应据补。

【粟麦】

年谷屡登，仓库惟亿，百姓有蓄，粟麦五钱。（西狭颂）

按：“粟麦”，泛指粮食。“粟麦”一词，《汉语大词典》未收，应据补。

【寝暗】

会丧太夫人，感背人之凯风，悼蓼仪之劬劳，寝暗苫块，仍［缺］上言。（卫尉衡方碑）

按：寝暗，谓居倚庐守丧。寝，居住；暗，指庐。与之同义的还有“寝苫枕块”，语出《仪礼·既夕礼》：“居倚庐，寝苫枕块”贾公彦疏：“孝子寝卧之时，寝于苫以块枕头，必寝苫者，哀亲之在草；枕块者，哀亲之在土云。”即铺草苫，枕土块。古时居父母丧之礼。

【宗诸】

棇观莱色，宗诸邂逅连有不得兼官御傍象不及大，孤惭亡父，忧在夙夜，如有空缺，务郃筑盖。（故民吴仲山碑）

按：“宗诸”，指宗室成员。《汉语大词典》收有“宗属”一词，“宗诸”与“宗属”为同构同义词，应据补。

【济康】

初据百里，显显令闻，济康下民。（卫尉衡方碑）

按：“济康”，救助安抚。《汉语大词典》收有“康济”一词，“济康”与“康济”在该意义上为同素异序同义词，应据补。

【仙伏】

大命倾賈，魂神仙伏。（中常侍樊安碑）

按：“仙伏”，谓死。《汉语大词典》收有“仙去”、“仙升”、“仙遊”等系列词，“仙伏”与“仙去”、“仙升”、“仙遊”等为同构同义词，均为死的婉称。“仙伏”一词，《汉语大词典》未收，应据补。

【城郘】

适□□□□□□□□□□其疆士，门卫弛柝而无怵惕，百姓不复屯其城郘。（幽州刺史朱龟碑）

按：“城郘”，作为屏障的小型城堡。《汉语大词典》收有同义的“城坞”，而未收“城郘”一词，应据补。

【棃烝】

棃烝殷，罔荒饥。（竹邑侯相张寿碑）

按：“棃烝”，即黎烝、黎民、众民。“棃”同“梨”，而“梨”通“黎”。《汉语大词典》收有“黎烝”而未收“棃烝”一词，应据补。

【官朝】

延熹五年七月迁来临县，正身帅下，赏恭罚否，存恤寒苦，□□□右，官朝寂静，奸轨检手。（成皋令任伯嗣碑）

按：“官朝”，官府。《汉语大词典》收有“官廷”，“官朝”与“官廷”为同构同义词。“官朝”一词，《汉语大词典》未收，应据补。

【上乾】

上乾弗祐，获疾固□□□七十有一，以光和四年十二月乙巳卒，呜呼有哀。（安平相孙根碑）

按：“上乾”，指天。“上乾”一词，《汉语大词典》失收，应据补。

【呼招】

子孙饮泣，呼招不能还，与世疆尔，感痛奈何。（故民吴仲山碑）

按：“呼招”，呼唤、召唤。《汉语大词典》收有“呼召”一词，“呼招”与“呼召”在该意义上为同构同义词。“呼招”一词，《汉语大词典》未收，应据补。

【伟名】

伟名建磐石，垂示於□□。（堂邑令费凤碑）

按：“伟名”，美名。《汉语大词典》收有“伟誉”一词，“伟名”与“伟誉”为同构近义词。“伟名”一词，《汉语大词典》缺载，应据补。

【咨悼】

①中外咨悼，赙赠［缺］等。（吉成侯州辅碑）

②遐迩咨悼，士女哀怀。（小黄门谯敏碑）

按：“咨悼”，义犹“嗟悼”，哀伤悲叹。“咨”有“嗟叹”义，《玉篇·口部》：“咨，嗟也。”《论语·尧曰》“尧曰：咨尔舜”，皇侃疏：“咨，咨嗟也。”《汉语大词典》收有“嗟悼”而未收“咨悼”，“咨悼”与“嗟悼”为同构同义词，当据补。

【怆悲】

朋徒潺湲，士女怆悲。（繁阳令杨君碑）

按：“怆悲”，乃悲痛义。“怆”有“悲”义，《玉篇·心部》：“怆，悲也。”是以“怆悲”乃同义连文。《汉语大词典》收有“悲怆”一词，“怆悲”与“悲怆”为同素异序同义词。“怆悲”一词，《汉语大词典》未收，应据补。

【投黻】

闻母氏疾病，孝烝内发，释荣投黻，步出城寺。（高阳令杨著碑）

按：“投黻”，辞去官职、让出官职。其他用例如《隶释》卷第九《繁阳令碑阴》：“委荣轻举，投黻如遗。”《盘洲文集》卷第六《荅景岩咏山居夹道种松》：“投黻归来，发半华苍。”《汉语大词典》收有“释黻”一词，“投黻”与“释黻”为同构同义词。“投黻”一词，《汉语大词典》失收，应据补。

【憯怮】

兄弟咨嗟，憯怮伤情。（冀州从事郭君碑）

按："憯忉"，忧伤、悲痛。《广雅·释诂二》："憯，痛也，憯也。"《文选·宋玉〈风赋〉》"直憯悽惏慄"李善注引郑玄曰："憯，忧也。"《晋书音义中·列传》卷二十三："忉，忧也。"是故"憯忉"为同义并列复语。《汉语大词典》收有"憯伤"、"憯恻"、"憯痛"、"憯悴"、"憯怛"等系列词，"憯忉"与"憯伤"、"憯恻"、"憯痛"、"憯悴"、"憯怛"等为同构同根同义词。"憯忉"一词，《汉语大词典》失收，应据补。

**【幽庐】**

以病去官，二十有馀年，踰九九，永归幽庐。（鲜于璜碑）

按："幽庐"，谓坟墓。"幽庐"一词，他例如《抱经堂文集》卷第三十四《阎考功怀庭哀辞并序》："安此幽庐，偕返其真。我作铭词，用式后人。"《汉语大词典》收有同义的"幽宅"、"幽房"、"幽室"、"幽宫"等词而未收"幽庐"一词，"幽庐"与"幽宅"、"幽房"、"幽室"、"幽宫"一例，应据补。

**【慕涎】**

皇上颂德，群黎慕涎。（鲜于璜碑）

按："慕涎"，义犹"慕羡"，《汉语大词典》有"慕羡"条，释义为"羡慕"，正可移用于此。"慕涎"一词，《汉语大词典》未载，应据补。

**【烧平】**

黄巾初起，烧平城市，斯县独全，子贱孔蔑，其道区别。（汉故谷城长荡阴令张君表颂）

按："烧平"，谓烧毁使之成为平地。《说文·大部》："夷，平也。"《匡谬正俗》卷八："夷者，平也。""烧平"一词，其他文献也偶有使用，如《抱经堂文集》卷第十五《汉博陵太守孔彪碑跋》："黄巾初起，烧平城市，斯县独全。"《汉语大词典》收有同义的"烧夷"而未收"烧平"，应补。

**【祖讲】**

君禀资南霍之神，□□□德之绝操，髫髦克敏，□学《典谟》，祖讲《诗》、《易》，剖演奥艺。（校官碑）

按："祖讲"，阐述、讲述。《汉语大词典》收有同义的"祖述"，"祖讲"与"祖述"为同构同义词。"祖讲"一词，《汉语大词典》未收，应据补。

**【荐祀】**

［下缺］□三百，选有德圣裔，以□之黍稷稻粱，絜齐□□，良辰荐祀，告□□□，复民五家。（仓颉庙碑）

按："荐祀"，犹祭祀。"荐祀"，其他文献用例亦富，如《风俗通义》卷第五："还历乡里，荐祀祖考。"《樊川文集》卷第六《三子言性辩》："梁武帝起为梁国者，以笋脯麦牲为荐祀之礼。"《震川先生集》卷第三十《告昆山县城隍神文》："奕奕新庙，荐祀馨香。"《牧斋初学集》卷第五十三《明故陕西巩昌府通判钱君墓志铭》："汉有良吏，乐府流传。弦歌荐祀，安阳亭西。"《乐府诗集》卷第八《豫章府君登歌》："嘉乐在庭，荐祀在堂。""荐祀"一词，《汉语大词典》未收，应据补。

【空市】

农夫醳耒，商人空市，随舆饮泪。（故益州太守北海相景君铭）

按："空市"，谓倾市而出。其他文献用例如《鸡肋集》卷第十三《旱书中教虎头祈雨法始走诸祠即得甘泽因为贺》："去年使君道广陵，吾州空市看双旌。"《法苑珠林》卷第五十二："时人号曰汗佛，士女空市而观。"《汉语大词典》收有"空巷"，"空市"与"空巷"一例，应补。

【犁兆】

犁兆安土，人歌大平。（益州太守无名碑）

按："犁兆"，即黎兆、民众、百姓。"犁"通"黎"。"兆"有"人民"义。《文选·班固〈幽通赋〉》"洞参差其纷错兮，斯众兆之所惑"，李善注引曹大家曰："众，庶也，兆，人也。"《汉语大词典》收有"兆黎"一词，"犁兆"与"兆黎"为异序同义词。"犁兆"一词，《汉语大词典》未收，应据补。

【徂灵】

超前守之治迹，［缺］没世而无［缺］当□□□□□何□□命不豫，［缺］疾徂灵。（益州太守无名碑）

按："徂灵"，死的婉称。"徂灵"一词，《汉语大词典》缺收，应据补。

【凶慭】

未满期限，从其本规，乃遭凶慭，年四十二，其四月二十四日遭命陨身，痛如之何！（郎中郑固碑）

按："凶慭"，指丧事。《汉语大词典》收有同义的"凶闵"而未收"凶慭"一词，应据补。

【祗穆】

公既纂世业，不对前轨，孝友祗穆，［下缺］典诰微言，《雅》、《颂》情指，宪发纲统，莫不守其条贯，综其伦理。（太尉陈球碑）

按："祗穆"，恭敬。《广韵·脂韵》、《说文·士部》并曰："祗，敬也。"《广韵·屋韵》、《集韵·屋韵》并曰："穆，敬也。"《汉语大词典》收有同义的"祗肃"而未收"祗穆"，应据补。

【初造】

伏戏仓精，初造王业，画卦结绳，以理海内。［武梁祠堂画像题字（一）］

按："初造"，开创、草创。《汉语大词典》有"初创"条，"初造"与"初创”为同构同根同义词。“初造”一词，《汉语大词典》未收，应据补。

**【亲父】**

亲父安贫守贱，不可营以禄。（娄寿碑）

按：“亲父”，生父。“亲父”一词，他书亦有用例，如《群书治要》卷第三十九：“故孝子忠臣亲父佼友不可不察也，夫爱之而反害之，安之而反危之，其此之谓乎？”《宋学士文集》卷第二十五《双鲤轩铭》：“苏有孝子善事于亲父，不待养而母独存。”《龟巢藁》卷之十八《钱孝女传》：“其亲父卒，母老而病，踰两期，腹中有瘕癖，号呼痛楚。”《汉语大词典》收有“亲母”，“亲父”与“亲母”一例。“亲父”一词，《汉语大词典》未收，应据补。

**【慈考】**

故吏故郭施业字世坚，义民堂邑戚忠，忠年十有一，慈考早陨丧，以备於礼制，蓬首而□□，□坏而消辟，地□□□行。（堂邑令费凤碑）

按：“慈考”，用为对已故父亲的敬称。“慈考”一词，亦偶见于其他墓志，如《范香溪先生文集》卷第二十二《张府君墓志铭》：“……敢告不弔，惟身负衅逆上，祸慈考，欲养之志，终天莫伸。”《汉语大词典》收有“慈父”、“慈母”等系列词，“慈考”与“慈父”、“慈母”一系。“慈考”一词，《汉语大词典》未收，应补。

**【守寂】**

求已不媚，以疾去官，阖门守寂，不竞时荣。（安平相孙根碑）

按：“守寂”，谓保持玄寂。他例如《阳明先生集要·理学编》卷第四：“原只有此性，做得个沈空守寂，学成一个痴。”又卷第三：“学之弊，大率非沈空守寂，则安排思索。”又：“沈空守寂与安排思索，正是自私用智，其为丧失良知，一也。”《野菜博缘·跋》：“松云泉石，朝夕吟哦，时同老衲坐蒲团，参禅守寂。”《汉语大词典》收有同义的“守默”而未收“守寂”一词，应据补。

**【亿聆】**

①於是功曹郭敏，主簿魏袭、户曹史许礼等，遂刊玄石，铭勒鸿勋，垂曜亿聆，永有昭识。（樊毅修华岳碑）

②乃共追录厥勋，镌石示后，俾延亿聆，垂不翳队。（繁阳令杨君碑）

按：“亿聆”，犹“亿龄”，乃亿年义。《汉语大词典》收有“亿龄”而未收“亿聆”，应据补。

**【亡父】**

［缺］故［上缺］令［缺］晨追感亡父，见遇立［缺］石［上缺］以示后昆。（司空孔扶碑）

按：“亡父”，义犹先父，谓去世的父亲。“亡父”一词，传世文献有大量使用，如《资治通鉴》卷第六十一："张纮径到寿春，见袁术涕泣言曰：'亡父昔从长沙入讨董卓，与明使君会于南阳，同盟入荆州，诏乃以璋为益州牧……'"又卷第一百七十六："雍虞间曰：'叔与我父同根连体，我，枝叶也，岂可使根本反从枝叶，叔父屈于卑幼乎！且亡父之命何可废也！愿叔勿疑。"《白氏长庆集》卷第四十《与从史诏》："卿亡父早践班荣，久著声绩，永言褒赠。"《樊川文集》卷第十四："居数月，陈许节度使王沛拜章为亡父树神道碑，内官执请如前辞。"《滹南遗老集》卷第二十二："古者人臣称其亡父于君，则有先臣之辞；君称于臣，未见其例。"《震川先生文集》卷第二十六《张自新传》："自新涕泣长跪曰：'亡父以此命鸿，且死未闻有他语，鸿何敢亡？且鸿宁以衣食忧吾母耶？'"例夥，不赘举。《汉语大词典》收有"亡考"一词而未收"亡父"，"亡父"与"亡考"为同构同义词，应据补。

**【填庭】**

姻族毕至，素缟填庭。（平舆令薛君碑）

按："填庭"，充塞庭院，谓其多。《汉语大词典》收有同义的"填街"、"填门"而未收"填庭"一词，"填庭"与"填街"、"填门"一例，当据补。

**【叹伤】**

百寮叹伤，圣朝愍怆。（外黄令高彪碑）

按："叹伤"，感叹悲伤。其他文献用例如《温庭筠诗集》卷第七《经李处士杜城别业》："忆昔几游集，今来倍叹伤。"《秋涧先生大全文集》卷第三十五《上元仲一书记书》："仆每读至此，未尝不废书长叹伤，岁月不我与也。"《汉语大词典》收有同义的"伤叹"，"叹伤"一词未收，应据补。

**【垂声】**

深惟皇考，懿德未伸，盖以为垂声罔极，音流管弦，非篇训金石，孰能传焉。（赵宽碑）

按："垂声"，谓流传声名。《淮南子·修务》"声施千里"，高诱注："声，名也。""垂声"一词，传世文献用例更丰富，如《资治通鉴》卷第一百三："昔鲁僖公以泮宫发颂，齐宣王以稷下垂声。"《秋涧先生大全文集》卷第四十九《先妣夫人靳氏墓》："呜呼，先君以刀笔起身，垂声当世。"又卷第六十四《祭武强南龙池神文》："浩浩江汉，万古不废，发为忠贞，见诸行事，著书垂声。"《九灵山房集》卷第四："某窃闻之士子之在当世，生虽不偶，死而垂声者有矣。"《方望溪先生全集》卷第六《答礼馆诸君子书》："魏晋以后，工文章垂声于当世者众矣。"《潜研堂文集》卷第四十四《内阁中书舍人邵君松阿墓志铭》："郁郁佳城，僖敏之侧，青松白云，垂声无极。"例繁，不尽举。《汉语大词典》收有同义的"垂名"，"垂声"与"垂名"为同构同根词。"垂声"一词，《汉语大词典》未收，应据补。

【处谥】

国人乃相与论德处谥，刻石作铭，其词曰：皇矣先生，怀德惟明。（娄寿碑）

按："处谥"，评论其生平事迹，然后赐给谥号。《汉语大词典》收载有同义的"论谥"而未收"处谥"一词，应据补。

【逊退】

永建六年，西归乡里，太守阴嵩，贪嘉功懿，召署督邮，辞疾逊退。（赵宽碑）

按："逊退"，退位。"逊退"，其他文献也有使用，如《太玄经》卷第一："杨子云处前汉之末，值王莽用事，身縈乱世，逊退无由，是以朝隐，官爵不徙。"《汉语大词典》收有同义的"逊避"，"逊退"与"逊避"系同构同根词。"逊退"一词，《汉语大词典》未载，应据补。

【追羡】

昔周文公作颂，宋成考父，公子奚斯，追羡遗绩，纪述前勋。（绥民校尉熊君碑）

按："追羡"，谓追念仰羡。"追羡"一词，亦偶见于传世文献，如《四部丛刊》集部元邵复孺《蚁术诗选》卷之四《题许守中太和丹室》："我生追羡少陵翁，千载神交得其旨。"《汉语大词典》收有"追慕"一词，"追羡"与"追慕"系同构同义词。"追羡"一词，《汉语大词典》缺收，应据补。

【殒迁】

春秋七十，以道殒迁，宗胤不纪，故为宣昭。（绥民校尉熊君碑）

按："殒迁"，婉称死。"殒迁"一词，《汉语大词典》未收，应据补。

【解丧】

五五之月，令丞解丧。（鲜于璜碑）

按：解丧，古制守丧以二十五月结束，撤除灵座，俗称除灵。此时除去丧服，谓不再守孝。《汉语大词典》收有同义的"除服"一词而未收"解丧"，应据补。

【华紫】

上极华紫，旁伎皇代。（鲁相韩敕造孔庙礼器碑）

按："华紫"，即紫宫。"华紫"一词，《汉语大词典》未收载，应据补。

【促峻】

世政促峻，邑宰寡识，慢贤役德，被以劳事，然后慷慨激愤，宦于王室，历中黄门，冗从假史，拜小黄门右史，迁臧府令中常侍。（中常侍樊安碑）

按："促峻"，乃严峻义。"促峻"一词，《汉语大词典》漏收，应据补。

【鉴喻】

老子为周守臧室史，当幽王时，三川实震，以夏、殷之季，阴阳之事，鉴喻

时王。（老子铭）

按："鉴喻"，即鉴戒譬谏义。《文选·陈琳〈为袁绍檄豫州〉》"永为世鉴"，刘良注："鉴，戒。"《华严经音义》卷下"善言开喻"注引《仓颉篇》曰："喻，谏也。""鉴喻"一词，《汉语大词典》未载，应据补。

【旧寓】

臣蒙厚恩，受任符守，得在奎娄，周孔旧寓。（鲁相史晨奏祀孔子庙碑）

按："旧寓"，旧宅、故居。"旧寓"一词，后世文献频见，如《敬业堂诗集·目录》："十二月十七日出阜成门，重过苑西旧寓。"又卷第三十六："余自甲申以后僦居城南道院者三年，今春寓直西郊，五月驾幸山庄避暑，余仍回旧寓。"《洪北江诗文集》卷第十二："三月晦前一日清晓，独游法源寺，看海棠花下，值冯户部敏昌因同过寺旁亡友黄二景仁旧寓，室已倾圮，不可入。"《明史钞略》第二千六百九十八册下："时廷机久处庙中，复还旧寓，请告一百二十余疏。"皆其例。《汉语大词典》收有同义的"旧宅"、"旧宇"、"旧居"等系列词，"旧寓"与"旧宅"、"旧宇"、"旧居"为同构同义词。"旧寓"一词，《汉语大词典》未收，应据补。

【垂流】

垂流亿载，世世叹诵。（司隶校尉杨孟文石门颂）

按："垂流"，留传、流传。"垂"亦有"流传"义，"垂流"乃同义并列复合词。"垂流"一词，《汉语大词典》未收，应据补。

【亡臣】

子辞："父有命，如楚不忘亡臣，社稷［缺］而欲有赏，必於潘国下湿墝埆人所不贪。"（楚相孙叔敖碑）

按："亡臣"，称已死之臣。"亡臣"一词，《汉语大词典》已立目，但仅收载有二义项，即①逃亡之臣；②向战胜国称臣的亡国之君。"亡臣"一词的"已死之臣"一义，《汉语大词典》未载，应据补。

【万嗣】

于是乎什作教告［下缺］誓，写彼鸟迹以纪时［下缺］仓颉，天生德于大圣，四目灵光，为百王作书以传万嗣。（仓颉庙碑）

按："万嗣"，即万世、万代。"万嗣"一词，其他文献用例亦富，如《诚斋集》卷第五十四《贺皇孙郡王冬节启》："日月就将，上动三宫之喜，春秋鼎盛，下开万嗣之祥。"《皇朝文鉴》卷第一百二《息戍》："以是而言，所本尤大若天心，独舍近谋远，则无穷之庆及于万嗣矣。"《乐府诗集》卷第十三："奕奕万嗣，明明显融。"均是其例。"万嗣"一词，《汉语大词典》未收，应据补。

**【冠秩】**

其词曰：冠秩之应，实赖厥后。（绥民校尉熊君碑）

按：冠，指古代帝王、官员所戴的帽子。秩，俸禄。《周礼·天官·宫伯》“行其秩叙”，郑玄注：“秩，禄禀也。”《左传·庄公十九年》“王夺子禽、祝跪与詹父田，而收膳夫之秩”，杜预注：“秩，禄也。”《晏子春秋·杂上八》“今请求老弱之不养，鳏寡之无室者，论而共秩焉”，张纯一校注：“秩，禄也。所以为养也。”故“冠秩”用来比喻仕宦。“冠秩”一词，《汉语大词典》未收，应据补。

# 参考文献

## 一、专著


白兆麟：《校勘训诂论丛》，合肥：安徽大学出版社 2001 年版。

蔡镜浩：《魏晋南北朝词语例释》，南京：江苏古籍出版社 1990 年版。

程湘清：《汉语史专书复音词研究》，北京：商务印书馆 2003 年版。

陈光磊：《汉语词法论》，上海：学林出版社 2001 年版。

（清）段玉裁：《说文解字注》，上海：上海古籍出版社 2000 年版。

董志翘：《〈入唐求法巡礼行记〉词汇研究》，北京：中国社会科学出版社 2001 年版。

董秀芳：《汉语的词库与词法》，北京：北京大学出版社 2004 年版。

丁守和主编：《中华文化辞典》，广州：广东人民出版社 1989 年版。

（清）冯晏海：《金石索》，光绪丙午年（1906）上海新马路文新局石印本。

方一新：《东汉魏晋南北朝史书词语笺释》，合肥：黄山书社 1997 年版。

符淮青：《词义的分析和描写》，北京：语文出版社 2000 年版。

（清）顾炎武：《金石文字记》，清光绪年间朱氏校经山房刻《亭林先生遗书汇辑》本。

（清）桂馥：《札朴》，北京：中华书局 1992 年版。

高文：《汉碑集释》，开封：河南大学出版社 1985 年版。

高亨：《古字通假会典》，济南：齐鲁书社 1996 年版。

高守纲：《古代汉语词义通论》，北京：语文出版社 2000 年版。

郭良夫：《词汇与词典》，北京：商务印书馆 1999 年版。

郭锡良：《汉语史论集》，北京：商务印书馆 1997 年版。

郭沫若：《中国史稿》（1 ~4 册），北京：人民出版社 1963 年版。

（宋）洪适：《隶释·隶续》，北京：中华书局 1985 年版。

（清）赫懿行：《尔雅义疏》，北京：中国书店 1982 年版。

黄侃：《文字声韵训诂笔记》，上海：上海古籍出版社 1983 年版。

黄侃：《黄侃论学杂著》，上海：上海古籍出版社 1980 年版。

黄晓冬：《〈荀子〉单音节形容词同义关系研究》，成都：巴蜀书社 2003

年版。
何九盈：《中国古代语言学史》，郑州：河南人民出版社1985年版。
胡明扬主编：《词类问题考察》，北京：北京语言学院出版社1996年版。
胡敕瑞：《〈论衡〉与东汉佛典词语比较研究》，成都：巴蜀书社2002年版。
金其桢：《中国碑文化》，重庆：重庆出版社2002年版。
蒋绍愚：《近代汉语研究概况》，北京：北京大学出版社2000年版。
蒋绍愚：《古汉语词汇纲要》，北京：北京大学出版社1989年版。
蒋冀骋、吴福祥：《近代汉语纲要》，长沙：湖南教育出版社1997年版。
蒋冀骋：《近代汉语词汇研究》，长沙：湖南教育出版社1991年版。
江蓝生：《魏晋南北朝小说词语汇释》，北京：语文出版社1988年版。
吕叔湘：《汉语语法分析问题》，北京：商务印书馆1979年版。
吕叔湘：《中国文法要略》，北京：商务印书馆1982年版。
吕叔湘：《汉语语法论文集》，北京：商务印书馆2002年版。
（清）陆增祥：《八琼室金石补正》，北京：文物出版社1985年版。
（清）林侗：《来斋金石刻考略》，台北：台湾商务印书馆1986年版。
李发林：《汉画考释和研究》，北京：中国文联出版社2000年版。
李佐丰：《先秦汉语实词》，北京：北京广播学院出版社2002年版。
（唐）陆德明：《经典释文》，济南：齐鲁书社2001年版。
李圃等：《古文字诂林》，上海：上海教育出版社2001年版。
陆宗达、王宁：《训诂方法论》，北京：中国社会科学出版社1983年版。
鲁国尧：《鲁国尧自选集》，郑州：河南教育出版社1994年版。
陆志韦：《汉语的构词法》，北京：科学出版社1957年版。
罗竹风主编：《汉语大词典》，上海：汉语大词典出版社1986—1993年版。
罗维明：《中古墓志词语研究》，广州：暨南大学出版社2003年版。
刘万国、侯文富主编：《中华成语辞海》，长春：吉林大学出版社1994年版。
刘洁修：《汉语知识丛书——成语》，北京：商务印书馆2000年版。
刘叔新：《汉语描写词汇学》，北京：商务印书馆2000年版。
马子云、施安昌：《碑帖鉴定》，桂林：广西师范大学出版社1993年版。
马衡：《凡将斋金石丛稿》，北京：中华书局1998年版。
毛远明：《〈左传〉词汇研究》，重庆：西南师范大学出版社1999年版。
（宋）欧阳修：《集古录》，台北：台湾商务印书馆1986年版。
（清）欧阳辅：《集古求真》，民国十二年（1923）江西开智书局石印本。
潘允中：《汉语语法史概要》，郑州：中州书画社1982年版。
潘允中：《汉语词汇史概要》，上海：上海古籍出版社1989年版。

潘文国等:《汉语的构词法研究》，上海：华东师范大学出版社 2004 年版。
（清）钱泳:《汉碑大观》，1984 年中国书店据碧梧山庄影印。
（清）钱大昕:《潜研堂金石文字跋尾》，南京：江苏古籍出版社 1997 年版。
秦公:《碑别字新编》，北京：文物出版社 1985 年版。
裘锡圭:《文字学概要》，北京：商务印书馆 1998 年版。
钱宗武:《今文尚书语言研究》，长沙：岳麓书社 1996 年版。
孙锡信:《汉语历史语法要略》，上海：复旦大学出版社 1992 年版。
索绪尔著，高名凯译:《普通语言学教程》，北京：商务印书馆 1985 年版。
苏新春:《汉语词义学》，广州：广东教育出版社 1997 年版。
苏宝荣:《词义研究与辞书释义》，北京：商务印书馆 2000 年版。
施蛰存:《金石丛话》，北京：中华书局 1998 年版。
史存直:《汉语词汇史纲要》，上海：华东师范大学出版社 1988 年版。
邵敬敏:《汉语语法学史稿》，北京：商务印书馆 2006 年版。
邵敬敏、方经民:《中国理论语言学史》，上海：华东师范大学出版社 1991 年版。
（清）王昶:《金石萃编》，北京：中国书店 1985 年版。
（宋）王象之:《舆地碑记目》，台北：台湾商务印书馆 1986 年版。
（清）王念孙:《读书杂志》，南京：江苏古籍出版社 1985 年影印本。
（清）王念孙:《经义述闻》，南京：江苏古籍出版社 2000 年版。
王壮弘:《碑帖鉴别常识》，上海：上海书画出版社 1985 年版。
王力:《汉语史稿》，北京：中华书局 1980 年版。
王力:《中国语法理论》，北京：商务印书馆 1985 年版。
王力:《王力文集》，济南：山东教育出版社 1990 年版。
王力:《汉语词汇史》，北京：商务印书馆 1993 年版。
王宁:《古代汉语通论》，北京：北京师范大学出版社 1996 年版。
王国维:《观堂集林》，北京：中华书局 1959 年版。
王云路、方一新:《中古汉语语词例释》，长春：吉林教育出版社 1992 年版。
王海芬:《古汉语虚词词典》，北京：北京大学出版社 2000 年版。
汪维辉:《东汉—隋常用词演变研究》，南京：南京大学出版社 2000 年版。
吴金华:《〈三国志〉校诂》，南京：江苏古籍出版社 1990 年版。
吴金华:《古文献整理与古汉语研究》，南京：江苏古籍出版社 2001 年版。
伍宗文:《先秦汉语复音词研究》，成都：巴蜀书社 2001 年版。
吴洁敏:《汉语节律学》，北京：语文出版社 2001 年版。
（东汉）许慎:《说文解字》，北京：中华书局 1999 年版。

邢福义：《汉语语法学》，长春：东北师范大学出版社 1999 年版。
向熹：《简明汉语史》，北京：高等教育出版社 1993 年版。
徐复：《后读书杂志》，上海：上海古籍出版社 1999 年版。
许威汉：《二十世纪的汉语词汇学》，太原：书海出版社 2000 年版。
徐时仪：《古白话词汇研究论稿》，上海：上海教育出版社 2000 年版。
许嘉璐：《中国古代衣食住行》，北京：北京出版社 1988 年版。
徐中舒主编：《汉语大字典》（缩印本），成都：四川辞书出版社 1993 年版。
中国社会科学院语言研究所词典编辑室：《现代汉语词典》，北京：商务印书馆 1985 年版。
（清）阮元：《经籍籑诂》，成都：成都古籍书店 1982 年版。
杨震方：《碑帖叙录》，上海：上海古籍出版社 1982 年版。
袁维春：《秦汉碑述》，北京：北京工艺美术出版社 1990 年版。
杨树达：《积微居小学述林》，北京：科学出版社 1954 年版。
杨树达：《积微居小学金石论丛》，北京：中华书局 1983 年版。
叶蜚声：《语言学纲要》，北京：北京大学出版社 2001 年版。
殷国光：《〈吕氏春秋〉词类研究》，北京：华夏出版社 1997 年版。
尹小林：《汉语数目词辞典》，北京：中华书局 1993 年版。
杨全鼎主编：《中国文化史词典》，杭州：浙江古籍出版社 1987 年版。
朱德熙：《语法讲义》，北京：商务印书馆 1982 年版。
朱德熙：《语法答问》，北京：商务印书馆 1985 年版。
朱庆之：《佛典与中古汉语词汇研究》，北京：文津出版社 1992 年版。
朱广祁：《〈诗经〉双音词论稿》，郑州：河南人民出版社 1985 年版。
（宋）赵明诚撰，金文明校正：《金石录校正》，上海：上海书画出版社 1985 年版。
（明）赵均：《金石林时地考》，台北：台湾商务印书馆 1986 年版。
张彦生：《善本碑帖录》，北京：中华书局 1984 年版。
（清）张玉书：《康熙字典》，北京：中华书局 1997 年版。
张涌泉：《汉语俗字丛考》，北京：中华书局 2000 年版。
詹鄞鑫、徐莉莉：《神秘·龙的国度》，郑州：中州古籍出版社 1990 年版。
詹鄞鑫：《神灵与祭祀——中国传统宗教综论》，南京：江苏古籍出版社 1992 年版。
张双棣：《〈吕氏春秋〉词汇研究》，济南：山东教育出版社 1987 年版。
［日］志村良治：《中国中世语法史研究》，北京：中华书局 1995 年版。
赵元任：《语言问题》，北京：商务印书馆 1999 年版。

赵振铎：《训诂学史略》，郑州：中州古籍出版社 1988 年版。
张永言：《词汇学简论》，武汉：华中工学院出版社 1982 年版。
张志毅：《词汇语义学》，北京：商务印书馆 2001 年版。
张振德、宋子然：《〈世说新语〉语言研究》，成都：巴蜀书社 1999 年版。
周荐：《汉语词汇研究史纲》，北京：语文出版社 1998 年版。
张相：《诗词曲语词汇释》，北京：中华书局 1997 年版。
张能甫：《郑玄注释语言词汇研究》，成都：巴蜀书社 2000 年版。
张秀平、王乃庄编：《中国文化概览》，北京：东方出版社 1988 年版。
郑怀德、孟庆海：《现代汉语形容词用法词典》，北京：商务印书馆 2003 年版。
刘志生：《东汉碑刻复音词研究》，成都：巴蜀书社 2007 年版。

## 二、论文

岑斋：《石刻杂谈》，《文物》1961 年第 8 期。
曹先擢：《并列式同素异序同义词》，《中国语文》1979 年第 6 期。
陈克炯：《〈左传〉形容词的考察和非定形容词的建立》，《第一届国际先秦汉语语法研讨会论文集》，长沙：岳麓书社 1994 年版。
陈克炯：《〈左传〉形容词简析》，《华中师院学报》1979 年第 4 期。
陈爱文、于平：《并列式双音词的字序》，《中国语文》1979 年第 2 期。
陈明达：《褒斜道石门及其石刻》，《文物》1961 年第 4、5 期。
陈明达：《汉代的石阙》，《文物》1961 年第 12 期。
陈直：《秦汉瓦当概述》，《文物》1963 年第 11 期。
程湘清：《〈论衡〉中联合式复音词的语义构成》，《中国语文》1983 年第 5 期。
程娟：《试论〈金瓶梅〉单音形容词的构词特征》，《古汉语研究》1999 年第 2 期。
程娟：《〈金瓶梅〉复音形容词结构特征初探》，《中国语文》1999 年第 5 期。
陈伟武：《出土战国秦汉文献中的缩略语》，《中国语言学报报》1999 年第 9 期。
崔永华：《汉语形容词分类的现状和问题》，《语言教学与研究》1990 年第 3 期。
方一新：《东汉语料与词汇史研究刍议》，《中国语文》1996 年第 2 期。
郭锐：《汉语形容词的划界》，《中国语言学报》2001 年第 10 期。

郭锡良：《先秦汉语名词、动词、形容词的发展》，《中国语文》2000 年第 3 期。

黄展岳：《早期墓志的一些问题》，《文物》1995 年第 12 期。

李发林：《汉碑偶识》，《考古》1988 年第 8 期。

李宇明：《非谓形容词的词类地位》，《中国语文》1996 年第 1 期。

李海霞：《先秦的 ABB 式形容词组》，《古汉语研究》1991 年第 4 期。

梁银峰：《甲骨文形容词研究》，《汉语史研究集刊》（第二辑），成都：巴蜀书社 2000 年版。

蔺瑛：《状态形容词及其主要特征》，《语文研究》2002 年第 2 期。

刘叔新：《汉语复合词内部形式的特点与类别》，《中国语文》1985 年第 3 期。

刘叔新：《复合词结构的词汇属性——兼论语法学、词汇学同构词法的关系》，《中国语文》1990 年第 4 期。

陆俭明：《关于词的兼类问题》，《中国语文》1994 年第 1 期。

卢卓群：《形容词重叠式的形成和发展》，《湖北大学学报》2000 年第 6 期。

马子云：《谈西岳华山庙碑的三本宋拓》，《文物》1961 第 8 期。

毛远明：《读汉魏六朝石刻词语札记——兼及石刻词汇研究的意义》，《乐山师范学院学报》2002 年第 6 期。

马真：《先秦复音词初探》，《北京大学学报》1980 年第 5 期、1981 年第 1 期。

麻昌贵：《〈楚辞〉中形容词特点略论》，《贵州民族学院学报》2004 年第 1 期。

潘允中：《从汉语史看语言发展的内因》，《学术研究》1962 年第 1 期。

启功：《关于古代字体的一些问题》，《文物》1962 年第 6 期。

去非：《褒斜石刻和汉代徒刑》，《文物》1963 年第 2 期。

孙家州：《汉代民俗与巫风初探》，《世界宗教研究》1994 年第 4 期。

施蛰存：《汉代石刻文》，《文史知识》1987 年第 11 期。

少文：《记汉刘熊碑兼论蔡邕书碑问题》，《文物》1966 年第 4 期。

施安昌：《碑帖避讳分析》，《中国文物报》1991 年第 3 期。

唐钰明：《定量分析方法与古文字数据的词汇语法研究》，《海南师范学院学报》1991 年第 4 期。

吴泽顺：《联绵词的构词特点及音转规律》，《湖南社会科学》2004 年第 2 期。

王立军：《谈碑刻文献的语言文字学价值》，《古汉语研究》2004 年第 4 期。

王忻：《从〈颜氏家训〉管窥魏晋时期汉语词汇复音化的发展》，《古汉语研究》1998 年第 3 期。

吴晓露：《从〈论语〉〈孟子〉看战国时期的双音词》，《南京大学学报（哲学·人文科学·社会科学版）》1984 年第 2 期。

王光汉：《论典故词的词义特征》，《古汉语研究》1997 年第 4 期。

文炼：《关于分类的依据和标准》，《中国语文》1995 年第 4 期。

向熹：《〈诗经〉中的复音词》，《语言学论丛》（第 6 辑）1980 年版。

徐天云：《联绵词研究的历史观与非历史观》，《古汉语研究》2000 年第 2 期。

杨建国：《先秦汉语的状态形容词》，《中国语文》1997 年第 6 期。

杨合鸣：《〈诗经〉中的叠根词皆为形容词》，《河南师范大学学报》1997 年第 4 期。

杨哲峰：《两汉之际的"十斗"与"石"、"斛"》，《文物》2001 年第 3 期。

殷孟伦：《谈谈汉语词汇研究的断代问题》，《文史哲》1981 年第 2 期。

喻遂生、郭力：《〈说文解字〉的复音词》，《西南师范大学学报》1987 年第 1 期。

殷国光：《〈吕氏春秋〉同类词并列连用考察》，《古汉语研究》1997 年第 1 期。

袁毓林：《词类范畴的家族相似性》，《中国社会科学》1995 年第 1 期。

朱德熙：《现代汉语形容词研究》，《语言研究》1956 年第 1 期。

祝敏彻：《从〈史记〉、〈汉书〉、〈论衡〉看汉代复音词的构词法》，《语言学论丛》（第 8 辑）1980 年版。

张国宪：《现代汉语形容词的典型特征》，《中国语文》2000 年第 5 期。

张能甫：《东汉语料及同素异序的时代问题——对〈东汉语料与词汇史研究刍议〉的补说》，《古汉语研究》2000 年第 3 期。

张永绵：《近代汉语中字序对换的双音词》，《中国语文》1980 年第 3 期。

祖生利：《〈景德传灯录〉中的三种复音词研究》，《古汉语研究》1996 年第 4 期。

祖生利：《〈景德传灯录〉中的联合式复音词》，《古汉语研究》2002 年第 3 期。

赵振铎：《论先秦两汉汉语》，《古汉语研究》1994 年第 3 期。

周生亚：《〈世说新语〉中的复音词问题》，《吉林大学社会科学学报》1982 年第 2 期。

周荐：《语素逆序的现代汉语复合词》，《逻辑与语言学习》1991 年第 2 期。

郑奠：《古汉语中字序对换的双音词》，《中国语文》1964 年第 6 期。

赵超：《山东嘉祥出土东汉永寿三年画像石题记补考》，《文物》1990 年第 9 期。

赵超：《中国古代铭刻与文书研究五十年》，《考古》1999 年第 9 期。

## 三、索引及主要引用书目

刘殿爵等：《先秦两汉古籍逐字索引丛刊》，台北：台湾商务印书馆 1994 年版。

李波等：《汉书索引》，北京：广播电视出版社 2001 年版。

李波等：《史记索引》（修订版），北京：广播电视出版社 2001 年版。

李波等：《后汉书索引》，北京：广播电视出版社 2002 年版。

李波等：《三国志索引》，北京：广播电视出版社 2002 年版。

陈涛：《吕氏春秋索引》，济南：山东教育出版社 2002 年版。

[日] 斯波六郎：《文选索引》，上海：上海古籍出版社 1997 年版。

周钟灵等：《韩非子索引》，北京：书目文献出版社 1982 年版。

赵超：《汉魏南北朝墓志汇编》，天津：天津古籍出版社 1992 年版。

周绍良：《唐代墓志汇编》，上海：上海古籍出版社 1992 年版。

周绍良：《唐代墓志汇编续集》，上海：上海古籍出版社 2001 年版。

（清）阮元：《十三经注疏》，北京：中华书局 1980 年版。

（汉）司马迁：《史记》，北京：中华书局 1980 年版。

（汉）桑弘羊：《盐铁论》，北京：冶金工业出版社 1975 年版。

（汉）王符著，（清）汪继培笺，彭铎校正：《潜夫论笺》，北京：中华书局 1979 年版。

应劭：《风俗通义》，上海：上海古籍出版社 1990 年版。

（汉）王充：《论衡》，上海：上海人民出版社 1974 年版。

（汉）赵晔著，张觉译著：《吴越春秋全译》，贵阳：贵州人民出版社 1993 年版。

王明：《太平经合校》，北京：中华书局 1960 年版。

（汉）班固著，（唐）颜师古注：《汉书》，北京：中华书局 1962 年版。

（刘宋）范晔：《后汉书》，北京：中华书局 1965 年版。

（宋）徐天麟：《东汉会要》，上海：上海古籍出版社 1990 年版。

（晋）陈寿撰，裴松之注：《三国志》，北京：中华书局 1982 年版。

（梁）僧佑：《弘明集》，上海：上海古籍出版社 1991 年版。

（梁）沈约：《宋书》，北京：中华书局 1974 年版。

（梁）萧子显：《南齐书》，北京：中华书局 1972 年版。
（梁）萧统编，（唐）李善注：《文选》，北京：中华书局 1977 年版。
（梁）释慧皎：《高僧传》，北京：中华书局 1992 年版。
（北魏）郦道元：《水经注》，长沙：岳麓书社 1995 年版。
（北魏）杨衒之：《洛阳伽蓝记》，上海：上海古籍出版社 1982 年版。
（北魏）贾思勰：《齐民要术》，北京：农业出版社 1982 年版。
（北齐）魏收：《魏书》，北京：中华书局 1975 年版。
（唐）李百药：《北齐书》，北京：中华书局 1972 年版。
（唐）房玄龄等：《晋书》，北京：中华书局 1974 年版。
（唐）姚思廉：《梁书》，北京：中华书局 1973 年版。
（唐）姚思廉：《陈书》，北京：中华书局 1972 年版。
（唐）魏征等撰：《隋书》，北京：中华书局 1973 年版。
（唐）李延寿：《南史》，北京：中华书局 1975 年版。
（唐）李延寿：《北史》，北京：中华书局 1974 年版。
（唐）欧阳询：《艺文类聚》，上海：上海古籍出版社 1989 年版。
（唐）虞世南编撰：《北堂书钞》，北京：中国书店 1989 年版。
（清）曹寅等：《全唐诗》，北京：中华书局 1960 年版。
（唐）柳宗元：《柳河东全集》，北京：中国书店 1991 年版。
（唐）白居易：《白居易集》，北京：中华书局 1979 年版。
（唐）道宣：《广宏明集》，上海：上海古籍出版社 1991 年版。
（唐）道世：《法苑珠林》，上海：上海古籍出版社 1991 年版。
（五代）孙光宪：《北梦琐言》，上海：上海古籍出版社 1978 年版。
（五代）刘昫等：《旧唐书》，北京：中华书局 1975 年版。
（宋）欧阳修，宋祁：《新唐书》，北京：中华书局 1975 年版。
（宋）薛居正等撰：《旧五代史》，北京：中华书局 1976 年版。
（宋）司马光：《资治通鉴》，北京：中华书局 1956 年版。
（宋）庄绰：《鸡肋编》，北京：中华书局 1983 年版。
（宋）文莹：《湘山野录》，北京：中华书局 1984 年版。
（宋）王谠撰，周勋初校正：《唐语林校正》，北京：中华书局 1987 年版。
（宋）陆游：《老学庵笔记》，北京：中华书局 1979 年版。
（宋）洪迈：《夷坚志》，北京：中华书局 1981 年版。
（宋）洪迈：《容斋随笔五集》，上海：商务印书馆民国二十四年（1935）铅印本。
（宋）李昉等辑：《太平御览》，北京：中华书局 1990 年版。

（宋）李昉：《太平广记》，上海：上海古籍出版社 1990 年版。

（宋）赞宁撰：《宋高僧传》，北京：中华书局 1987 年版。

（明）宋濂等撰：《元史》，北京：中华书局 1976 年版。

（清）顾炎武：《日知录》，北京：中华书局 1982 年影印观稼楼仿刻本。

（清）严可均辑：《全上古三代文全秦文》，北京：商务印书馆 1999 年版。

（清）严可均校辑：《全上古三代秦汉三国六朝文》，北京：中华书局 1991 年版。

# 后 记

2005年的初夏，我从华东师范大学文学院汉语言文字学专业博士毕业。我那时的博士论文是研究东汉碑刻中的复音词，当时因为时间的限制，没能涉及东汉碑刻词汇的全部，我一直不能释怀。令人欣喜的是，在2006年春季进入湖南师范大学中国语言文学博士后科研流动站从事博士后研究工作时，我的博士后合作导师蒋冀骋先生好成人之美，承蒙先生不弃，达成了我的心愿，这全仰赖于蒋先生那博大的学术胸怀！湖南师范大学中文系是我国佛经语言研究中心之一，既有成果卓著的李维奇先生、王大年先生和业师蒋冀骋先生肇其端，亦有后起之秀的诸弟子唐贤清博士、郑贤章博士、龙国富博士和徐朝红博士等继其踵。我到这么一个佛经研究的重要阵地做博士后，按常理也应以佛经语料作为研究对象。当时，我怀着忐忑不安的心情向蒋冀骋师汇报我的选题，即研究东汉碑刻中的形容词，不料先生竟欣然首肯，全然不囿于学术门户！原来我也确实想把东汉碑刻语料词汇和同期佛经语料词汇作比较研究，但迫于时间限制，不得不割爱。实话实说，广东的高教事业与其发达的经济极不相称，高等教育相对落后，故而造成师资严重短缺。那些年，广东省的中小学代课教师达五万人之巨，居全国之首，而这些代课教师大多只有高中和中专学历，这就使得广东的专、本科函授教育很红火，现在跟之前相比，尽管其规模有所萎缩，但数量依然相当可观。每到周末和寒、暑假，我都要下到各地方的函授点授课，也就只有在工作日挤出点时间来做论文了。

感谢蒋先生细心的指点，否则，我将无法在这么短的时间里按时完成我的博士后论文！感谢李维琦先生、王大年先生、袁庆述先生、唐贤清先生、陈秀兰先生和郑贤章先生在论文开题报告会以及答辩会上提出的宝贵意见和建议！感谢师兄贺福凌博士后的诸多指点，感谢师弟徐朝红博士的诸多帮助，是他们的帮助让我在师大的博士后生活中减少了许多的程序性事务和不便，也正因为有了他们的热心支持，我才得以顺利完成我的博士后研究工作！

有幸的是，博士后出站后，我以“东汉碑刻词汇研究”申报2009年教育部人文社科规划项目，幸得诸专家学者公正评审并蒙错爱，被立项为本年度资助项目。这使我再有机会对东汉碑刻词汇进行较深层面和较全面的爬梳考察，也就有了本专著的顺利完成。再一次感谢汉语语言学学术界纯正的学术风气和众多的正直的评审专家们！

本论题也得到广东省社科联的广东省哲学社会科学“十一五”规划项目立项资助！

感谢中山大学唐钰明先生在我做访问学者期间给予的悉心指点，感谢中山大学的陈伟武教授、李炜教授、刘街生教授、庄初升教授，华南师范大学的张玉金教授、钟明立教授、方小燕教授，暨南大学的邵敬敏教授、曾昭聪教授，广州大学的罗维明教授，韩山师院的林伦伦教授，湛江师院的朱诚教授、方平权教授、张令吾教授，广东外语外贸大学的严修鸿教授等在我来广东工作期间所给予的诸多关心与帮助！

感谢暨南大学出版社杜小陆先生和责任编辑刘晶女士为本书出版付出的辛勤劳动和一丝不苟的敬业精神。

还要感谢我的家人多年以来在我问学道路上的一贯支持，没有她们的无私奉献和甘于清贫的精神，就没有我今天这一点点的学术成绩！

限于个人学识，本论文尚存在诸多的不足和缺失，恳请方家斧正！

**刘志生**

**2013年春节于惠州西湖**